-人口发展与公共政策丛书-

丛书主编：杨云彦

人口和计划生育
利益导向政策绩效评估研究

● 程广帅 著

WUHAN UNIVERSITY PRESS

武汉大学出版社

图书在版编目(CIP)数据

人口和计划生育利益导向政策绩效评估研究/程广帅著. —武汉:武汉大学出版社,2016.12
人口发展与公共政策丛书/杨云彦主编
ISBN 978-7-307-18625-5

Ⅰ.人…　Ⅱ.程…　Ⅲ.计划生育—人口政策—研究—中国　Ⅳ.C924.21

中国版本图书馆 CIP 数据核字(2016)第 214128 号

责任编辑:郭　静　王　颖　　责任校对:汪欣怡　　版式设计:马　佳

出版发行:**武汉大学出版社**　(430072　武昌　珞珈山)
　　　　　(电子邮件:cbs22@ whu. edu. cn 网址:www. wdp. com. cn)
印刷:武汉中科兴业印务有限公司
开本:787×1092　1/16　印张:8.75　字数:160 千字　插页:1
版次:2016 年 12 月第 1 版　　2016 年 12 月第 1 次印刷
ISBN 978-7-307-18625-5　　定价:28.00 元

特 别 说 明

　　本书为国家社会科学基金重大项目《完善人口与计划生育利益导向政策体系研究》(项目编号：11&ZD038)子课题三"计划生育利益导向三项政策及其他法定奖罚政策措施的综合评估"的研究成果。

总　序

　　35 年，在人类发展的历史长河中只是白驹过隙的一瞬间，但在人口发展的历史上，却注定留下浓墨重彩的一笔。1980 年中共中央发表《关于控制我国人口增长问题致全体共产党员、共青团员的公开信》，标志着"独生子女"政策的启动，其主要特征就是通过强大的政策力量，干预大众生育行为，促进人口的转变。随着 2015 年十八届五中全会宣布全面实施一对夫妇可生育两个孩子的政策出台，既表明独生子女政策完成其历史性使命，又标志着计划生育政策进入一个新的时期。35 年的人口发展和政策实践，给我们留下了大量值得理性思考和科学研究的课题。

　　从政策层面看，我国的计划生育工作取得的成效值得充分肯定。计划生育工作加快实现了人口再生产类型由传统型到现代型的历史性转变，有效地缓解了人口对资源、环境的压力，有力地推动了经济发展和社会进步。但是，在控制人口增长、实现低生育水平的同时，也带来诸多不利的社会后果和潜在风险，包括家庭抵御风险的能力受到减弱，人口老龄化步伐加快加重等。因此适时调整完善生育政策非常有必要。

　　中央启动"单独二孩"政策后，激发了学界和社会各方的高度关注，有观点认为政策"遇冷"，有观点认为基本符合预期，在这些不同观点的背后，一个基本的判断是，我国的人口转变已经从外生主导型阶段进入到内生主导型阶段。在这样一个判断之下，怎样看待当前的人口形势和生育行为的走向，怎样完善政策促进人口长期均衡发展，成为新时期非常迫切的研究课题。

　　着力创新理论和分析框架，阐释人口转变从外生型到内生型的变化机制，对准确定性当前人口生育行为的变化情况以及发展趋势，判定低生育水平地区是否面临低生育水平陷阱的风险，避免人云亦云、就事论事，是非常有必要的。关于人口红利的系统，深入研究，将有助于我们更全面、准确地理解人口、劳动力供给、人力资本与经济增长的关系，丰富宏观人口经济学的理论。人口长期均衡发展和提升家庭发展能力，包括当下广泛见诸新媒体的有关二孩生育"生不起"的说法，是简单的抚养成本问题，还是深层的社会行为变化问题，我们是否应该有利益导向机制上的新应对，这既是政策问题，在很大程度上更是理论问题，它为我们超越传统的生育理论提供了新的探索空间。我们需要对既有政策进行系统梳理，科学评估，既要解决"怎么看"的问题，又要解决"怎么办"的问题。

计划生育利益导向政策是新形势下实现政策目标的重要政策措施。早在1980年《公开信》中就指出，"为了控制人口增长，党和政府已经决定采取一系列具体政策。在入托儿所、入学、就医、招工、招生、城市住房和农村住宅基地分配等方面，要照顾独生子女及其家庭"，明确了对计划生育家庭的优惠帮扶政策。在新形势下，这一政策不断充实完善。在我们承担国家社会科学基金重大项目"完善人口与计划生育利益导向政策体系研究"期间，经历了从"单独二孩"到"全面二孩"的重大政策调整，为我们研究人口转变新阶段的公共政策响应提供了难得的机遇。我们从利益导向政策的评价、人口转变和生育行为变化、家庭发展能力、人口长期均衡发展、三维人口红利等专题开展研究，取得了一系列的理论与政策成果，结集出版的六部专著，正是这些成果的展现。希望这些成果的出版，能为我国计划生育利益导向政策体系的进一步完善，为人口科学的理论创新提供一些新的视角和新的积累。

杨云彦

2016 年 5 月 12 日

目　　录

第一章 导 论

第一节 研 究 背 景

一、问题提出

计划生育是我国已经实行 30 多年的一项基本国策，取得了巨大的成就，在经济尚不发达的情况下，有效控制了人口增长，实现了人口再生产类型的历史性转变，有力地促进了综合国力的提高、社会的进步和人民生活的改善，是我国经济社会可持续发展的关键性因素之一。

伴随着计划生育政策的实施，我国出现了规模庞大的计划生育家庭。虽然改革开放三十多年来，我国的经济社会发展水平不断进步，进入了中等收入水平，但是城乡发展不平衡，农民不仅收入低，而且缺乏基本的养老保障和医疗保障。由于受现实生产生活条件的限制以及相应社会保障机制不完善等因素的影响，尤其是很多农村计划生育家庭，由于子女数量少，在社会保障体系不完善的情况下，不但没能实现"少生快富"的目标，个别的甚至成为新的弱势群体，家庭养老也陷入困境。还有一些子女伤残或死亡的计划生育家庭，不仅家庭经济陷入贫困的状态，而且精神上也比较颓废，失去了生活的希望和寄托。

改革开放以来，虽然我国经济发展取得了举世瞩目的成绩，人民群众的生活水平也显著提高，但是由于财富分配不均，农民的生活还存在着巨大的困难。同时，我国的社会保障制度还不健全，亟待完善，农村更是如此，在农民群众中，养儿防老的观念仍然深入人心，家庭养老的模式还会持续下去。在我国经济高速发展、人民生活质量明显提高的今天，响应党的号召，落实计划生育的家庭，对我国人口的控制做出了不可磨灭的贡献，他们有理由、有权利享受由此所带来的巨大的发展成果。农村实行计划生育的夫妇对计划生育的落实、实现控制人口的目标做出了极大的贡献，他们应该得到社会的尊敬与关注；整个社会都应行动起来，关心、帮助这部分人群，这是对他们为国家发展所付出的认可。

利益导向政策制度直接服务于计划生育基本国策，其实质和目的是对计划生育家庭给予补偿，缓解这个特殊群体生产生活和养老的困难，降低养老风险，保障这些家庭在年老逐步丧失劳动能力的情况下，使其家庭生活基本达到当地平均的生活水平。

在利益导向政策构架上，初步形成以农村计划生育家庭奖励扶助制度、计划生育家庭特别扶助制度、西部地区"少生快富"工程等"三项制度"为主体，覆盖国家、地方和社会各个层面的比较系统的政策体系。

《中华人民共和国人口与计划生育法》将计划生育利益导向政策上升到法律的范畴，予以了确认。第十五条明确规定"独生子女发生意外伤残、死亡，其父母不再生育或收养子女的，地方人民政府应当给予必要的帮助"……"对实行计划生育的贫困家庭，在扶贫贷款、以工代赈、扶贫项目和社会救济等方面给予优先照顾"。实施利益导向政策是完善和发展人口和计划生育政策，全面落实"三个代表"重要思想和科学发展观，建设社会主义和谐社会的具体体现。

利益导向政策直接增加了计划生育家庭的经济收入，在一定程度上改善了他们的生活条件，使他们精神上获得慰藉，生活上得到帮助。有利于促进人口和计划生育工作向依法管理和利益导向转变，更好地体现我国人口和计划生育工作以人为本的理念；有利于完善社会保障制度，切实改善计划生育家庭生计，逐步扩大社会保障覆盖面，更好地体现社会公平。可以说，计划生育利益导向政策，是实现新时期人口和计划生育工作的"两个转变"的主要内容，是引导和鼓励育龄夫妇自觉地按照国家政策实行生育、实现人口计生事业健康持续发展的重要举措。

二、研究意义

2016年5月，我国召开了中国计划生育协会第八次全国代表大会。习近平总书记在对会议的批示中明确指出："人口问题始终是我国面临的全局性、长期性、战略性问题。在未来相当长时期内，我国人口众多的基本国情不会根本改变，人口对经济社会发展的压力不会根本改变，人口与资源环境的紧张关系不会根本改变，计划生育基本国策必须长期坚持。"计划生育政策是我国长期坚持的基本国策，人口问题依然是制约我国全面协调可持续发展的重大问题，是影响经济社会发展的关键因素。

与西方发达国家相比，政策绩效评估在我国的发展历史较短，无论是政府还是学术界，之前对政策绩效评估的工作还不是很重视，不少政策实施之后并没有进行绩效评估工作。近年来党和政府，还有学术界对政策绩效评估越来越重视。人口和计划生育利益导向政策作为我国人口政策的重要组成部分，对于我国人口可持续发展发挥了重要的积极作用，但是目前对利益导向政策绩效评估指标体系进行专门系统的研究尚不多见。一个科学合理、运转协调的利益导向政策绩效评估体系，有助于党和政府进一步完善利益导向政策，从而更好地体现社会公平。因此，切实加强利益导向政策绩效评估指标体系的研究，具有重大的现实意义和理论价值。

基于上述考虑，论文选题关注计划生育利益导向政策绩效评估指标体系，为党和政府提高利益导向政策的目标瞄准性和促进社会公平提供参考依据。本书试图以社会公平作为构建指标体系的价值取向，建立一套较为科学合理可行的利益导向政策绩效评估指标体系。

第二节 文 献 综 述

从已有计划生育利益导向政策的文献来看，专门对政策实施效果进行评估的文献较为鲜见，有一些文献基于微观调查和访谈，分析了利益导向政策实施过程中取得的成绩以及存在的问题。本节主要是对上述这些文献进行简要的回顾和述评。

一、奖励扶助制度绩效评估文献

农村部分计划生育家庭奖励扶助制度试点工作评估调研课题组通过评估调研发现：试点工作开展的时间虽然不长，但已取得显著成效。一是确实解决了部分计划生育家庭的困难；二是确实带动了大批农民自觉自愿地计划生育；三是确实改变了计划生育工作的形象；四是确实提高了党和政府的威信。试点的经验，彰显了制度实施的积极效应。试点地区，不但开创了人口计生工作的生动局面，初步改变了农民的生育观念和生育行为，而且密切了党群、干群和民族关系，促进了农村社会的融和、稳定；对于切实解决"三农"问题，促进农村社会保障制度的建立，确保公共财政的安全、快捷运行等多方面都作出了有益的探索。

杨云彦、程广帅等(2007)分析了奖励扶助制度在开始实施阶段出现的问题，并提出了针对性的政策建议。石人炳、赵二影(2007)调查发现在奖励扶助制度上的行政成本很高，建议简化程序，节约成本经费，同时提出随着人口发展情况和人们生育观念的变化，我国的计划生育政策或许会进行调整，因此，严格地说，奖扶制度不会是一项"长期执行"的政策。程广帅、易成栋(2008)从经济学视角运用实证分析了奖励扶助制度运行中会出现的问题：地方政府会在最低标准上积极执行奖励扶助制度，村委会、乡镇计生部门和县级计生部门可能会在奖励扶助制度审批等具体操作环节出现审批不严，看人情定奖扶对象等情况，因此，不符合条件的申请者会增加审核的难度和审核的工作量。李明（2011）考察了农村居民对实施奖扶制度的评价，认为村民对该制度的养老保障和生育决策导向功能评价不太高，认为制度对生育决策的影响有限，他同时认为村民普遍对该制度长期执行信心不足。

李欣欣、石人炳（2010）认为奖励扶助制度的受益等待期过于漫长，在达到60岁之前，政策是否会改变，成为许多人担心的问题，而在这期间实行计划生育的家庭和没有实行计划生育的家庭相比，并没有得到额外的好处，所以这样的政策规定不利于利益导向作用的发挥。高丽娟、翟振武（2008）认为奖扶政策只对符合受益条件的群众有影响，但对处在生育选择期的群众影响不大；同时奖励扶助金的标准太低；根据实地调查发现享受奖励扶助金的家庭，在农村基本不超过10%，实际受益面非常小，政策知晓度不高。

二、"少生快富"工程绩效评估文献

杨魁孚、陈胜利和魏津生（2000）认为，应该以推行奖励金扶助制度为主，扩大"少生快富"工程的实施范围，落实长效节育措施；并积极探索，结合实践经验，大胆开发"快富"项目，引导项目户进行生产，以脱贫致富，尝到"少生快富"的甜头。加强"少生快富"工程两个子项目的紧密联系，形成一系列新规定、新做法，使之更加贴近实际，满足大众意愿，同时也加强了该项目的实施力度。陈胜利、魏津生和林晓红（2002）认为，该工程必须要有专项的资金投入，应有充足的后备资金，运用经济杠杆的原理以调节大众的生育观念和生育行为。要确保一定的财政资金，以发展家庭生产，提高项目户生活水平的保障和支持力度。资金的具体落实仍需项目区进行进一步的探索与完善。

何华武、陈国平和廖新忠（2008）认为，应以激励机制为主，鼓励项目户积极参与到工程中去。当然规范运作机制是工程顺利实施的前提条件。杨锡广（2008）认为，在进行资格确认、资金管理、资金发放、社会监督的四个环节时，应保障"四权分离"机制的有效运行，保障奖励扶助资金发放"直通车"模式高效进行。同时，与工程相关的配套政策与制度应建立完善。只有建立一套完善的运作机制，规范的工作程序，才能从根本上保证各相关政策执行的公开、公平、公正。

郭志仪、金文俊（2010）认为，在人口和计划生育工作方式方法逐渐转变的过程中，"少生快富"工程是十分有益的统筹性的制度设计，既起到扶贫的作用，又具有一定的节育效应，对统筹解决西部少数民族地区人口与资源环境问题具有重要作用，实施中业已体现出明显的经济效益、生态效益和社会效益，既有利于促进少数民族聚居区的生态保护和民生改善，也有利于体现社会公平、密切干群关系。但是，由经济长远发展、消费者需求结构变化、收入的边际消费倾向变化等因素决定，"少生快富"工程实施效果有待巩固。

三、特别扶助制度绩效评估文献

纪颖、邓国胜(2008)提出定期现金直补与政府购买非政府组织在一些地区实施项目扶助相结合是最可行的，这样才可以最大限度发挥两种扶助模式的优势，达到理想的效果。周美林(2011)指出应注意计划生育独生子女伤残死亡家庭特别扶助制度与相关社会保障制度应相互叠加，保持合理平衡，并应尽快建立动态调整机制。

第三节　研究目的与研究思路

一、研究目的

本书的研究目的有二，一是构建计划生育利益导向政策绩效评估的指标体系，二是在此基础上利用省级数据进行实证评价。虽然目标很明确，但是如何构建绩效评估体系，却并不是一个简单的事情。因为绩效评估涉及政策的目标取向和价值取向问题。首要考虑的是，我们的评估指标体系的研究视角选择。如果是从微观视角，我们主要关注的是公共政策对于目标群体生活水平的促进作用，而如果从宏观视角分析，那么我们主要关注的是公共政策对于经济社会其他指标的影响。具体到计划生育利益导向政策，要求我们运用政策分析等相关理论方法，厘清利益导向政策及其内涵，按照科学的指导原则和正确的步骤，首先建立计划生育利益导向政策评估指标体系的理论框架，在此基础上构建评估指标体系并进行科学的分析和筛选，确保指标体系的科学性、全面性和可操作性，然后基于数据进行实证评估分析。具体来说，本书的研究目标包括以下几个方面：

(1)建立利益导向政策实施绩效评价指标体系；

(2)根据已有文献和实地调查分析利益导向政策实施和运行情况；

(3)利用宏观统计数据和微观调查数据，对利益导向政策实施绩效进行系统评估。

二、研究思路

在文献回顾的基础上，梳理并确立计划生育利益导向政策绩效评估体系建立的理论基础，并在所建立的理论指导下探讨计划生育利益导向政策绩效评估体系的理论问题，包括评估指标体系的形成、权重体系的确定原则与方法及评估主体的选择。在此基础上，基于宏观统计数据和微观调查数据，对利益导向政策实施绩效进行评估，分析利益导向政策的实施效果。

第四节　研究内容与研究方法

一、研究内容

全书共有八章，基于以上研究主题和研究目的，本书的章节框架安排如下：

第一章是导论。主要阐述本书的选题背景与研究目的，概括研究主题，并阐述研究方法及内容框架。

第二章是理论框架。这一章主要是对利益导向政策绩效评估指标体系构建的理论基础和框架进行分析。构建政策绩效评估指标体系，必须在理论的指导下阐述指标体系的合理性和各指标之间的内在关联性，这样构建的指标体系才能体现一致性、科学性、可行性、可比性、系统性等原则。

第三章是构建具体的绩效评估指标体系。本章明确了绩效评估指标设计必须体现党和政府出台利益导向政策的人文关怀和价值取向，遵循绩效评估指标体系构建的原则，探究绩效评估指标体系的内部结构，确定不同层级指标体系的内在关系。在指标的设计过程中，为增强评估指标的科学性、合理性和可操作性，按照指标筛选的原则，借鉴相关文献的做法，确定绩效评估的核心指标，最后确定绩效评估指标体系。本书采取因子分析法来确定不同层级各指标的权重。

第四、五、六、七章是本书的研究重点。在这四章中，本书基于宏观统计数据、微观调查数据和文本分析等，实证评估利益导向政策的实施绩效。

第八章是结论与讨论。

二、研究方法

本书采用定性研究和定量研究相结合的方法，通过文献检索、问卷调查、专题调研、专家咨询、个别和团体访谈等多种方法来获取研究资料和数据，做到点面结合，通过案例分析、比较分析和统计分析来处理资料和数据，通过专家咨询、专题调研等方法来优化对策和措施。

(一)文献分析法

通过对国内外有关绩效评估及计划生育利益导向政策命题的书籍、学术期刊、博硕士论文、研究报告、网络、现行法规和实证研究成果，进行系统分析与整理，了解国内外学术研究的成果和进展，确定研究的主题和框架结构。

(二)问卷调查、访谈与专题调研

针对我国计划生育利益导向政策绩效评估体系存在的问题，通过问卷调查、访谈和专题调研的形式获得第一手材料和数据，并采用SPSS12.01统计软件分析相关变量的描述性统计，主成分分析等。

(三)计量分析方法

三、数据来源

(1)2010年以来历年的《中国人口年鉴》、《中国人口统计年鉴》、《中国统计年鉴》和《中国计划生育年鉴》(2004年开始改名为《中国人口与计划生育年鉴》)。

(2)书稿中提高的部分省(市)提供的利益导向政策实施的相关数据(2010年以来)。

(3)微观调查数据。国家社科基金重大项目"完善人口和计划生育利益导向政策体系研究"课题组于2015年7~8月的问卷调查。该调查覆盖甘肃省和宁夏两省区农村，调查对象主要是参加"少生快富"工程的计划生育家庭，采用多阶段分层整群随机抽样方法，共获得有效样本1028份。

第二章　计划生育利益导向政策评估理论框架

政策科学指对政策的调研、制订、分析、筛选、实施和评估的全过程进行研究的方法，自 1950 年拉斯韦尔和卡普兰提出该概念，并在 70 年代经过德罗兰等学者发展以来，政策科学的重要性与日俱增，政策评估作为其中的一个重要环节亦备受关注（丁煌，2003）。政策评估指围绕着政策效果而进行的规范、测度、分析、建议等一系列活动的总称，具有诊断、预测、反馈、矫正和总结等功能，以及合理配置社会资源、检验政策效果、决定政策去留、开启新政策等重要意义（王瑞祥，2003）。计划生育利益导向政策与计划生育政策同步实施，执行亦有 30 多年。尽管在各地实践中，计划生育利益导向政策结合实际情况进行了一些调整，然而尚未有学者对该政策进行系统的评估，因而难以得知该政策的实际效果，无法判定下一步该如何进行。本书通过对计划生育利益导向政策进行科学评估，全面考察和分析该政策的实施过程，深入判定该政策的实际价值，从而为这项政策应该继续、调整还是终结提出合理的建议。事实上，这也是计划生育利益导向政策迈向高质量的政策决策的必由之路。

第一节　计划生育利益导向政策评估基础

（一）计划生育利益导向政策评估的内涵

1. 计划生育利益导向政策评估的界定

政策是在某一特定环境下，个人、团体或政府有计划的行动过程，以实现或达到某一既定目标。公共政策的定义则比政策定义要窄得多。通常认为公共政策是国家、政党或其他政治团体等公共权力机关为解决社会公共问题，实现或服务于一定社会政治、经济、文化公共目标和公共利益，经由政治过程所选择和制订的政治行为、行动方案或行为准则，它是一系列路线、方针、战略、计划、方案等的总称。公共政策的内涵包括四个方面。第一，公共政策的主体是国家及相关职能部门、执政党以及公共组织，等等。第二，公共政策的目标是指上述组织或部门为了解决公共问题所要达到的目标，以及衡量目的的相应指标。第三，公共政策的活动过程是公共政策主体服务于公共政策目标而采取的政治行为。第四，公共政策的行为规范是一种具有权威性和规范性的行为准则。

生育政策则是指目标在于引导育龄夫妇行为，尤其是与生育行为紧密相关的政策。这些政策通常包括育龄妇女政策、父母假政策、子女抚养政策以及子女利益政策。计划生育利益导向政策是生育政策的组成部分，与一般的强制性对生育子女数量的规定不同，计划生育利益导向政策是一种非限制性措施，主要是通过奖励措施引导育龄群众生育观念和生育行为与国家期望保持一致，进而促进人的全面发展。这些奖励措施包括现金奖励、政策优待以及政治荣誉等，根据地区和家庭类型的不同，享受的奖励措施和标准也有差异。因此，计划生育利益导向政策是国家为了解决公共的人口问题而出台的一系列条例和措施的总称。

评估是指人们根据一定的标准对事物的优劣与好坏做出判断。在现实生活中，受制于人类认知能力的有限性和公共政策活动本身的复杂性，公共政策在制定与执行过程中由于各种外在因素的影响，政策效果往往与政策制定时的预期目标不一致。因此人们在公共政策制定与实施过程中除了需要对公共政策活动进行科学的规划与有效的执行外，还需要进行信息的反馈和公共政策效果的评估。公共政策评估是指特定的评估主体根据一定的标准和程序，通过考察公共政策过程的各个阶段、各个环节，对政策的效果、效能及价值所进行的检测、评价和判断。

计划生育利益导向政策评估是公共政策评估在人口政策领域的具体应用，是计划生育利益导向政策的一个重要环节。现实中计划生育利益导向政策面临着这样的质疑，就是：政策执行中庞大的政策经费能否持久，政策是否达到了设定的政策目标，政策是否还有存在的必要。总结来说，计划生育利益导向政策是指依据一定的价值标准和事实标准，结合人口实际，通过一定的程序与步骤，采用合适的评价方法，对利益导向政策方案、执行和效果等方面进行客观、系统和经验性评价的行为，以向有关人口政策决策者提供有关政策效果、政策过程等方面的信息，作为人口政策调整和改善的基础与依据。因而计划生育利益导向政策评估既具有一般公共政策评估的特点，同时也具有人口政策评估自身的特征。

2. 计划生育利益导向政策评估的类型

根据公共政策评估内容，公共政策评估可以分为三类：

第一，公共政策影响评估。这主要是指公共政策对政策对象产生的作用及各种外部因素对政策的影响所进行的分析评估。一项公共政策的实施，往往会产生正、反两个方面的结果，既有正面效应也有负面效应。例如教育政策往往会提高某些群体的入学率但也会遭到不公正的非议。公共政策评估就是要对这些相互矛盾、错综复杂的因素进行客观、公正的分析，进而对政策影响做出科学的评判，确定该政策是否达到了预期目的，衡量政策的净影响。所谓净影响，是指该影响的产生完全是因为政策本身的缘故，排除了其他因素所引起的任何作用。

每一项公共政策都是运行在具体的社会环境之中，公共政策的影响既有可能是公共政策自身引致的，也有可能是政策以外的经济社会等外部因素引致的。因此我们在对公共政策评估时，需要明确衡量政策目标和政策作用这两个前提条件，尽可能地排除外部因素的干扰，这样才能衡量公共政策的净影响。

第二，公共政策效率评估。这主要是指对公共政策实施过程中的执行情况进行分析评价。具体内容包括：能否较快地确定政策实施方案并贯彻政策的执行；在公共政策执行中是否强化了对政策的内部和外部监督；能否及时地发现公共政策执行中出现的问题并迅速得到解决方案；能否在公共政策方案规定的时间内落实政策的目标；公共政策执行一段时间后能否有效地进行反思并改进。效率评估的目的主要是分析政策的落实情况。

第三，公共政策效益评估。这主要是指对公共政策产生的影响进行客观评估和价值判断，包括对正向的效益评估和负向的效益评估。其主要内容是分析政策运行中所产生的结果，解释政策运行好坏的原因，以便说明在什么情况下能达到最佳的政策效果，或分析政策受阻的原因，并考虑如何克服这些障碍，消除负效果。

对计划生育利益导向政策评估属于影响评估和效益评估的综合。得益于国家对人口政策的重视以及覆盖全国范围的计生网络，利益导向政策得到了高效的落实。2015年全国共有村/居计划生育专干约66万，基本上每个村或街道至少有一个计生专干，因此利益导向政策的落实率非常高，例如赵芳（2009）在山东淄博市临淄区调查发现利益导向政策在所调查的7个村基本实现了全部落实。当前文献都表明对利益导向政策效率争议较少。

当前的已有研究对计划生育利益导向政策的影响方向和影响程度没有达成一致结论。由于利益导向政策是引导而非强制手段，因此政策能否达到预定目标一直有较大争议。有学者认为计划生育利益导向政策达到了政策目的，降低了出生率。翟振武（2008）通过总结广东的计生工作和人口变化规律，发现广东省实施计划生育利益导向政策以来，总和生育率出现了明显的下滑，出生人口也相应下降。魏玮、董志（2008）通过总结云南的计生工作和人口变化规律，发现自2004年云南试行奖励扶助措施以来，当年农村地区有二胎指标领取利益导向政策奖励放弃二胎的人口达到203954户，是过去自愿放弃二胎指标人口的1.47倍。江波、赵利生（2009）在陕西多个县市的农村社区通过访谈发现，超生家庭羡慕计生家庭的奖励扶助金，这促进了当地生育子女数量意愿的改变。有学者则认为利益导向政策没有达到政策目的，对降低出生率不起作用。赵芳（2009）在山东省淄博市调研发现，90%以上的受访者对利益导向政策奖励金额的满意度不高，认为该政策对生育子女数量意愿没任何影响。高丽娟、翟振武（2008）在赣南某村走访调查进一步发现即使享受利益导向政策奖励扶助的家庭也认为该政策含金量低，对降低生育数量意愿根本不起作用。因此有必要对利益导向政策的影响进行再评估。在这个基础上，还没有学者对利益导向政策的收益进行分析。如果利益导向政策没有发挥作用，那么利益导向政策的收益就为零。如果利益导向政策发挥了作用，那么是否以最小的投入达到最大的产出，这也是进一步需要评估的问题。

（二）计划生育利益导向政策的机制

不同于一般的公共政策依靠强制性行政手段来达到政策目的，例如教育政策可以通过实施专项计划来达到政策目的，计划生育利益导向政策是通过经济刺激、政策优待以及宣传教育等利导手段来实现政策目的。由于利益导向政策具有非强制性的特征，社会对利益导向政策的机理存在较大争议。因此有必要先明确利益导向政策的作用机制，这是利益导向政策出台的动机之一，也是对利益导向政策进行评估的基础。当前关于利益导向作用机制较为成熟和认可的理论是国外学者提出的孩子成本-效用理论、孩子数量-质量代替理论、代际财富流理论以及孩子供给-需求理论，尽管在进一步的文献实证检验中对这些理论的实际效果存在争议，例如牛建林（2002）发现中国是存在质量-数量替代情况的，因此利益导向政策是可能发挥作用的，但是高丽娟、翟振武（2008）提出结合赣南情况，发现由于奖罚金额太小，利益政策可能不起作用。争议的焦点只是在于补助力度是否足够大到可以产生影响，因而理论上通过经济刺激、政策优待等措施利益导向政策是有可能对子女数量产生潜在影响的。

1. 孩子成本-效用理论

在西方发达国家的经济运行中，主要是市场这只看不见的手起作用，生育子女数量多少基本取决于个人，没有或很少受到外力干扰，因此，父母养育孩子付出的成本及获得的效用也不受外界因素的影响，靠市场自动调节。西方学者对自由市场经济下的家庭生育决策的研究始于20世纪50年代中期，运用经济学的基本思想分析了家庭生育行为的影响因素和影响机制。比较有代表性的有成本-效用理论、数量-质量替代理论和代际财富流理论。

20世纪，哈佛大学教授 Harvey Leibenstein 最先运用经济学中的价格理论探讨家庭生育决策。他认为父母生育的子女数确定家庭规模的大小，而子女生育数量则取决于孩子的预期成本收益。预期成本包括直接成本和间接成本。直接成本是指从怀孕起到孩子成长自立所花费的衣食住行、教育、医疗、婚姻等方面的支出。间接成本是指父母为抚养孩子所放弃的受教育机会和减少工作时间继而减少收入的机会，又称之为机会成本。而孩子带给家庭的效用主要有三种：一是消费-享乐效用，即指孩子能够带来父母精神上的享乐和慰藉；二是劳动-经济效用，即当孩子成长为劳动力后从事职业劳动所增加的家庭经济收入；三是养老-保障效用，即父母年老后来自子女的家庭养老支持，此外孩子还有维系家庭地位，承担家业兴衰的风险收益等。Harvey Leibenstein 认为随着家庭人均收入的提高，生育并抚养孩子的边际成本上升，除消费-享乐效益外，每增加一个孩子，其他效益的增量却在下降，从理性经济人的假设出发，生育率必然下降。

不久之后，美国芝加哥大学著名经济学家 Becker G. S 在 Harvey Leibenstein 的成本-效用理论基础上进行了扩展，提出了净成本概念，即总成本（包括直接成本和间接成本）减去可量化的效益现值差额，家庭生育数量由差额决定。

2. 代际财富流理论

澳大利亚的人口经济学家 John C. Caldwell 在分析了不同社会形态下父母与子女间财富的流向和流量后，提出了一个崭新的经济学研究视角——"代际财富流理论"。这里的"财富"不仅包括货币和财产，还包括劳动和服务。他在 1976 年发表的《人口转变论新议》中分析生育率转变的动机时，提出了净财富流概念，即父母与子女间财富的净流向和流量。他认为决定生育率转变的根本条件是家庭内部代际财富流的变化，即净财富流的流向和流量发生了反转。在工业化以前的传统社会，养育子女的成本较低，而子女成年后，对父母发挥了较大的养老作用，净财富流主要是从子女流向父母，所以人们生孩子的意愿较为强烈；而在现代社会，养育孩子的边际成本高于边际收益，即家庭经济的净财富流主要从父母流向子女，导致了生育意愿降低。

2005 年，Caldwell 在原有的理论上进行了修正和更新。他发现子女能够影响父母生育决策是因为子女具有商品的属性从而能够促进财富在家庭的不同代际流动。这是因为在发生人口转变前，子女对父母有极大的养老和保障作用，但是在当前的现代社会，只有接受良好教育的子女才能对父母的养老有保障作用，对子女的教育投入和产出的比重成为影响生育下降的重要因素。

3. 孩子数量-质量替代理论

在 Harvey Leibenstein 的理论中认为孩子的效用只由孩子的数量来决定，

Becker. G. S and Lewis. H. G 则在他的理论基础上引入了孩子质量这一概念。他们引用消费者均衡理论做了进一步的分析，即在收入一定的情况下，通过改变消费组合实现效用最大化，数量和质量就如同消费组合中的两种消费品，但是对边际孩子的相同投入所带来的质量效用要高于数量效用，因此，父母对孩子数量需求的收入弹性小于质量需求的收入弹性，而数量需求的价格弹性大于质量需求的价格弹性，这样人们在收入一定时，往往更注重孩子质量提高，而减少生育数量。

随后，一些经济学家和人口学家对贝克尔的模型进行了修正。Vidimaralani 发现子女数量-质量替代理论并不是总是成立，在发达国家基本成立，在发展中国家不一定成立，甚至子女数量-质量可能表现为正向关系，或者无关系。这对我国有重要启示，我国幅员辽阔，该理论在我国不同省份可能有不同表现。那么各地区的利益导向政策也可能在这一理论指导下灵活地调整。R. J. Willis 在孩子数量-质量替代理论模型上，又进一步提出了"家庭效用函数"。按照其观点，家庭效用的最大化不是仅取决于孩子质量和数量，还存在着孩子以外的其他因素影响家庭的生育决策。

4. 供给-需求理论

美国学者 Easterlin 将偏好变化引入模型，在1975年发表的《生育率分析的经济学框架》一文中提出愿望-收入张力模型，随后在1985年出版的《生育率革命》提出了关于生育的供给-需求分析理论。该理论认为生育的变动主要由生育的供给、生育的需求和节育成本三个因素组成。如果生育供给与生育需求之差较大，且节育成本较小时，夫妻就会自觉控制生育，从而降低生育率。生育供给即孩子供给，指不采取有意识的限制生育的情况下，一对夫妻可能存活的子女数量。生育供给主要受自然条件、家庭条件以及社会习俗的影响。生育需求即子女需求，是指节育成本低廉或免费情况下，父母对子女实际数量的需求。生育需求受父母偏好、家庭收入、养育成本以及子女效用影响。节育成本指夫妻避孕的成本，可分为精神成本和市场成本。精神成本指避孕措施带来的精神痛苦，市场成本指实施避孕所花费时间和费用。该理论还认为现代主要通过五个因素对生育的供给与需求产生影响，这五个因素分别是医疗技术的发展、基础教育的普及与提高、人口城市化的发展、新商品的引进以及家庭政策，其中家庭政策具体对我国而言就是利益导向政策。

(三)计划生育利益导向政策评估的理论基础

计划生育利益导向政策评估是指对利益导向政策执行结果及其影响的一种综合判断。利益导向政策既与一般的公共政策类似提供了一种公共产品，具有一般公共政策评估的属性，同时由于人口增殖问题的多样性、复杂性以及周期性，利益导向政策评估又具有自身的特殊属性。结合公共政策评估和相关人口政策评估，本书指出利益导向政策评估的理论基础。

1. 绩效管理理论

纵观近年来国外政府成功的改革历程，管理主义由于强调科学性、技术性以及工具理性，在提高政府的管理能力和绩效上取得了卓有成效的成绩，受到学界和政府的广为称赞，并被我国政府逐渐接受。其中管理主义中的绩效管理是被广泛认可的前沿工具，在实践上成为各国政府包括我国政府实施的典范，当前我国政府正在逐步淘汰原有的传统管理模式，引进这种新型的管理模式。

(1) 绩效管理：一种新型政府治理工具

绩效管理产生于西方政府的改革，是当前新型政府管理的有力工具之一。在本轮国外政府改革中，尽管大多数学者试图用公共选择理论或者新公共管理理论来阐述本轮政府改革运动的指导思路，但最终的改革成效表明这是实践与理论相结合的结果，即许多改革措施是在实践中多次试错的结果，而非上述理论的产物。因此，绩效管理就是西方政府在 20 世纪 70 年代以来的政府改革实践中产生并逐步走向成熟的政府治理工具，但是当前国外学术界对于如何理解政府绩效管理存在差异。Joseph S. Wholey 认为政府绩效管理是一种融入了多种价值取向的政府管理模式，因为政府绩效管理是一个以改进政府和公共项目的生产力、质量、反馈性的系统。Kearney 和 Berman 则认为，因为绩效具有多元性，涵盖了效率、效益以及公正这三个最重要的因素，并且三者之间具有同等的重要性，缺一不可，因此政府绩效管理是一种面向结果的项目管理。David Osborne 和 Peter Plastrik 则认为绩效管理是一种应用绩效标准来奖罚公共组织的方式，具有激励性。美国"国家绩效评估小组"则将政府绩效管理定义为一种管理过程，该过程首先利用信息设定共同的达成一致的绩效目标，在这个目标下进行各种资源配置和整合，以便管理者能够确定是保持政策目标不变还是改变政策目标，并且最终能否取得政策目标完成。

在上述分析中，Joseph S. Wholey 以及 Kearney、Berman 主要是从政府管理的客体以及管理的内在价值来反映政府绩效管理的实质，David Osborne、Peter Plastrik 和"国家绩效评估小组"主要是从政府管理的流程和机制来刻画政府绩效管理的本质。结合以上观点，我们认为政府绩效管理是融合了多种管理思想和方法的一种综合系统，单一的思想和方法难以反映它的全面。具体而言，政府绩效管理是指，为提高政府管理绩效，在明确的价值判断下，制订了绩效管理的计划，采用了多种激励的手段和措施为政府绩效进行评估，并根据对评估结果进行反馈，改善已有不足的一系列措施和方法的总和。通常而言，绩效管理包括四个环节，明确政府的价值取向，明确绩效的目标并提出相应方案，实施方案并进行流程监督和反馈，开展评估并进行改进。进一步而言，政府绩效管理包括三个层面，宏观层面是指对政府提供的公共服务和公共政策的效果及过程进行评估及监督；中观层面是指对政府职能的效果及过程进行评估及改进；微观层面，是指对政府工作人员的工作成效及过程进行评估与完善。

政府绩效管理作为在当前广为应用的政府治理工具，克服了以往命令控制式僵硬管理的弊端，适应了当前外部环境急遽变化，公民意识逐步崛起的趋势。政府绩效管理具有四个鲜明的特征，分别是基础性、回应性、导向性以及激励性。

（2）政府绩效管理与绩效评估及其指标

政府绩效评估是一个在一定的评估框架下，建立评估指标，评估主体对评估客体进行评估的过程，为下一步的政策完善提供了指导。对每一步的理解都有助于下一步的实际评估，其中评估指标的构建是关键，指标的构建涉及关键的价值取向以及后一步的可操作性，决定了能否顺利的进行科学的政府绩效评估。

政府绩效评估不同于政府绩效管理，这是因为：第一，两者内容不同。前者只是后者诸多环节中的一个步骤。政府绩效管理包括确定绩效目标、制定绩效方案、进行绩效评估、反馈评估结果、进行完善等多步骤的流程，并且是一个持续的循环体系。第二，两者的侧重点不同。政府绩效评估侧重于对结果进行判断，而政府管理绩效侧重于绩效目的的确定、评估过程的制订以及评估结束后的反馈。第三，两者进行的时间不同。政府绩效评估是在政策实施中或实施后进行评估。而政府绩效管理则覆盖活动的全过程，包括事先制订方案、事中进行评估以及事后进行反馈。第四，两者的作用不同。政府绩效评估只具有评估作用，而政府绩效管理不仅具有评估作用，还具有激励、完善的作用，以及引导政府管理水平的大幅度上升。因此如果要完善政府绩效管理，首先必须明白当前的政府绩效水平是什么，而想明白政府的绩效水平，必须进行政府绩效评估。如果不能明白政府当前的绩效水平，一切以提高政府绩效管理的努力都是无效的。总之，政府绩效评估是政府绩效管理核心环节，是进行政府绩效管理的必要前提条件。

2. 系统理论

系统是指由多个要素构成的一个有机整合体，这些要素不是孤立的，之间相互有作用，相互有联系。要素构建了系统，并对系统发生了作用，要素之间内部相互作用，相互联系，这些决定了系统的特征。具体表现为，一方面，要素与系统是部分与整体的关系，系统表现出了构成要素的最终性质，因而系统制约了要素的属性与特征，对要素起着决定性的发挥作用。另一方面，要素是系统构成的基础，众多要素的改变会综合起来反映到系统的改变。虽然要素是基础，但要素之间不是具有同等重要的权重，有轻重之分，层次之分。因此运用系统的思维来分析问题时，要根据要素对整体影响程度的大小、方向进行区分，提炼出最重要、最有意义的重要部分。构成系统的要素是相互联系，相互作用的，之间不是无意义的孤立，也不是无意义的杂乱堆砌。根据协同学理论，要素是以特定的方式排列和组合，内部之间具有目的性、关联性和有序性，从而组成了一个有机的整合体。要素的这种构成方式，是系统本质的表现，也是系统本质的所在。由于任何一个系统都是作为一个在过程中展开的动态系统，具有目的性、关联性、有序性与动态性，因此系统的功能是通过构建要素的关联和作用在运动中表现出来的，系统的动能大于要素各功能之和。这要求我们在注意各要素的轻重缓急之时，还要注意要素之间的相互联系和相互作用，避免要素不完整，以及要素之间的作用机制不清晰，这是提高整体功能的重要方法。

构建地方政府绩效评估的指标是一个复杂而且具有特定价值取向的过程，系统理论能够为我们构建绩效评估指标提供一个新的视角。政府绩效评估体系是一个特定的系统组成，因此相应地表现出一定的功能。也就是说政府绩效评估体系功能受整个评估系统的制约，如果评估系统发生变化，评估系统的功能也相应的会发生变化。两者的相互制约以及相互作用会促进绩效评估指标体系的不断完善。从系统理论看政府绩效评估体系的结构和功能关系，为我们改进绩效评估指标体系提供了一个新的视角，一个不同于以往的方法。

3. 利益相关者理论

（1）利益相关者理论的缘起与发展

利益相关者理论是西方国家逐步发展起来的一个组织管理理论，利益相关者理论早期主要用于围绕企业的道德和管理理论，后来逐步扩展到公共组织的管理。R. E. Freeman 在 1984 年出版的《Strategic management：a stakeholder approach》对该思想进行了扩展。随后利益相关者理论的应用范围愈发广阔，不仅可以应用于企业管理，还应用政府或公共组织的治理。

当前利益相关者理论得到了广为应用，在分析可持续发展以及社区管理方面成为重要的分析工具。在 1993 年，世行、亚行等一系列国际组织都在一些贷款项目的评估中借鉴该理论，并根据该理论制定了一套完整的贷款项目评估指标体系和方法。已有研究发现，传统的以利润为导向的价值判断标准不能对公共政策进行合理的、客观的评估，尤其是对自然垄断的国企以及公共事业部门承担的社会责任进行绩效评估。例如，对于自然垄断的国企而言，以利润为导向的评估没有反映企业的真实绩效，从表面来看，以利润为导向的评估对提高这种企业的业绩和效益具有很好的效果，但实际上即使进行重大改革，这种企业仍然能够长时间地轻松获得较高的利润，因此有必要从利益相关者理论来重新审视传统价值判断的不足。

（2）地方政府绩效相关利益者分析

由于利益要求不同，对同一个评估客体，会涉及诸多利益相关方并有各自的利益诉求，进而会得到有利于各自自身的各不相同的结论。由于利益相关方较多，因此在构建评估指标时应尽可能地兼顾每一个利益相关方的诉求，同时还需要注意的是，并不是每一个利益相关方都起到决定性的作用。在对政府绩效评估时，起决定作用的往往是上级政府部门、本级政府部门以及公共政策的目标群体。上级政府部门是公共政策资源投入的决定方，该项政策的绩效影响了今后该政策的调整，因此对公共政策的绩效十分关注；本级政府部门是公共政策的执行主体，执行效果的好坏会影响上级对其的考核，必然对公共政策的绩效重点关注；公共政策的目标对象对公共政策有预先的期待，自然也充分关注公共政策的绩效。

利益相关者理论为我们理顺政府管理行为、责任、绩效与不同利益相关主体之间关系提供分析框架，为构建地方政府绩效评估指标体系提供理论支持。在构建地方政府绩效评估指标体系时，应根据特定利益相关者的不同利益特点设计专门或综合的绩效评估指标。

4. 公共物品理论

根据萨缪尔森《公共支出的纯理论》定义，公共产品指社会上的任何人消费某种产品或服务不会使其他人消费该产品或服务减少，即在效用不变的前提下，边际成本为零。公共产品最典型的特征在于受益的非排他性、消费的非竞争性、效用的不可分割性以及消费的不可抗拒性。政府出于对宪法、法律的遵从和满足公民基本权利与公平分配的需求，必须对某些涉及国计民生、国家安全或者公民基本权利的公共物品予以提供，国防、铁路、法律是典型的公共物品。在利益导向政策正式出台的20世纪80年代，我国是世界第一人口大国，人口基数大、素质较低；各种矿产资源总量虽然较多，但人均水平在世界排名较低；自然环境虽然空间较大，但是适宜人类居住的环境较少，人口与资源、环境之间存在较为尖锐的矛盾。利益导向政策的实施为我国降低生育率、提高人口素质提供了有力的帮助，而这又利于人口红利的形成。利益导向政策一方面通过鼓励降低生育，减轻了家庭的少儿抚养负担，为社会提供了充足的劳动力供给，形成了较为客观的人口数量红利；另一方面又通过提高独生子女身体素质和文化素质，提供了高素质劳动力，形成了庞大的人口质量红利。人口红利的形成提高了我国的储蓄率，加速了经济的发展。人口红利的形成具有受益非排他性和效用不可分割性，非计划生育的人们享受人口红利带来的效用却没有付出相应的成本。相比人口红利形成前，人口红利形成后企业可以较为低廉地招到合适的工人，家庭也可以以低廉的价格享受服务，而为人口红利形成做出贡献的就是实施计划生育的家庭。

从公共物品理论来看，政府应该向有利于人口红利形成的计划生育家庭就其活动产生正外部性超过了其应承担的份额，尽到维护其权益给予补足的责任。进一步而言就是通过实施计划生育利益导向政策，给计划生育家庭因放弃子女而失去的效用和带来的成本给予补偿，其目的是防止非计划生育家庭享受了人口红利却不愿意为此支出。人口红利提高了整个社会的储蓄率和劳动生产率，促进了经济增长，而促进人口红利形成的计划生育家庭却面临家庭风险增大、家庭发展能力降低的可能，自身的福利又可能受到损伤。作为理性的个体都有"搭便车"倾向，不愿意为此支付补贴，因而根据公共物品理论政府有必要对计划生育家庭给予价值补偿。

5. 成本-收益分析理论

成本-收益分析理论是公共政策评估的经典理论，指通过评估政策成本与收益之间的差距来分析政策的经济效率。用成本-收益分析首先需要确认公共政策的影响，并对影响进行估值，通常当政策收益大于成本时认为政策在经济上是有效的，可以继续实施；当政策收益小于成本时认为政策的经济效率较低，考虑改进或者中止政策。政府分配在每个政策上的资源是有限的，通过成本-收益分析，政府能够从经济效率的角度直观识别政策的有效性，进而决定改进、中止、继续执行这项公共政策或者在备选方案中做抉择，实现用最小的资源获得最大的社会福利。

成本-收益分析给政策决策者提供了一个便捷的政策评估方法，然而实际问题可能比理论要复杂得多，这很大程度上由于衡量边际成本与收益的潜在问题，而且对政策的公平性关注也较小。近年来，成本-收益分析尽力克服简单经济分析的内在缺陷，将经济目标之外的社会目标也纳入成本和收益之中，尽可能全面地分析政策的所有成本和收益。另外，将政策的效益进行货币估值是很容易出问题的，这是因为有些收益是难以量化估值的，再次由于做成本-收益分析人员视角的不同，估值将会完全不同。这都是做政策成本-收益分析时需要克服的问题。

计划生育利益导向政策的成本是指为实现政策目标所投入的各种要素之和，有人力、物力、财力等方面的开支和各种政策、科技信息和教育的投入，其中政府对计划生育家庭的转移支付占了较大的开支，包括独生子女保健费、农村独生子女家庭的奖励扶助金，符合二孩政策家庭放弃二孩指标的一次性奖励、以及城镇独生子女职工退休金奖励等。企业承担了小部分利益导向政策的成本，按照计划生育条例，通常企业要为本单位职工落实独生子女保健费。计划生育利益导向政策的收益指政策目标的实现程度，包括三个层面的收益。一个是短期收益，利益导向政策是否能够降低了政策家庭对计划生育政策的不满意程度，能否缓解计划生育家庭与计生干部的紧张关系；一个是中期收益，利益导向政策是否可以提高计划生育家庭子女的综合素质，解决计划生育家庭的养老之虑；一个是远期收益，利益导向政策能否改变育龄群众的生育观念和生育行为，与中央保持一致，将生的下降由外在强制推动转变为内在自我转变。在实际操作中，计划生育利益导向政策的成本容易估值，但利益导向政策的效益难以量化，一方面计划生育家庭对政策的满意度以及生育观念的转变难以真实测量，另一方面计划生育家庭对政策的满意度以及生育观念的转变受众多因素的影响，如何剥离其他因素的影响，分析利益导向政策的影响程度也是一个衡量的重点。

6. 公共政策周期理论

公共政策周期理论是指，一项公共政策就是一个循环的周期过程，该周期由公共政策的制订、实施、评估、监控以及终止五个环节不断循环构成。因此公共政策的周期是一个反复并连贯的行动过程，从寻找社会问题，到公共政策的制订和实施，再经过公共政策的评估，最终决定政策是调整还是终止。在这个过程中，无论政策内部和外部如何变化，评估都是其中最重要的环节。

在公共政策周期理论中评估环节是指评估主体根据一定的价值标准对公共政策的计划、执行和效果进行分析和判断，这是检验公共政策有效性的重要方法。评估所依据的价值标准是对政策调整的重要依据，因此价值标准应具有科学性和合法性。依据标准评估后，公共政策通常有三个趋势，第一，继续原政策不动，这个往往较少见；第二，完善，对原有政策进行改进；第三，终止，不再执行该项政策。

根据公共政策周期理论，主要从以下四个方面评估利益导向政策：

第一，利益导向政策的规划评估。当前宏观经济环境与利益导向政策出台时发生了显著的改变。利益导向政策出台的 20 世纪 80 年代，国家面临严峻的人口压力，人口调整目标是"晚、稀、少"，提倡一对夫妻只生一个孩子，可生二孩的家庭生二孩要有 5 年的生育间隔。然而 30 多年后，人口形势发生了急遽的改变，人口老龄化和少子化并存成了人口新常态，因而在 2015 年的十八届五中全会决定全面实施一对夫妻可以生育两个孩子的政策。利益导向政策在衍变过程中应该相应的围绕不同时期的人口目标做相应的调整。

第二，利益导向政策的执行评估。利益导向政策对独生子女、双女户或者独生子女伤残家庭给予一定的奖励扶助措施，需要评估这些奖励扶助金能否落实到位。

从实际调研情况来看，大部分的奖励扶助金由政府财政直接划拨，实行专户管理，得到了很好的落实。少部分的奖励扶助金例如独生子女保健费由企业承担的部分没有得到很好的落实。

第三，利益导向政策的效果评估。对政策效果评估就是评估政策目标的实现程度，即利用导向政策能够给生育带来多大程度的变动。

第四，利益导向政策的价值评估。政策价值评估是一个对政策价值综合判断的行为，包括两个方面。第一，评估利益导向政策本身是否具有科学性和合理性。第二，评估利益导向政策为实现政策目标所实施的手段是否具有科学性和合理性。只有利益导向政策目标和手段同时具有科学性和合理性，才能坚持正确的价值导向，为政府决策提供依据，为育龄群众的生育行为提供行动指南。

7. 人口长期均衡发展理论

随着经济社会发展以及我国持续处于低生育水平，人口发展出现了新的阶段性特征，面临了新的挑战，例如人口数量增长放缓、结构问题凸显、流动人口持续增加。在新的人口形势下，人口长期均衡发展理论一提出就受到学界的众多关注。人口长期均衡发展理论认为人口发展是一个人口内部各要素之间以及外部各要素不断协调的过程，是人口由低级均衡向高级均衡发展的过程。根据人口均衡长期均衡发展理论，计划生育利益导向政策应该在战略思维上由单纯控制人口数量为主向统筹解决人口问题转变，从关注人口数量的单一目标转向人口内部均衡、人口与经济社会相互协调、人口与资源环境的可持续发展统筹兼顾的多元目标。利益导向政策应该在努力提高人口素质、人口质量上做调整，需要在优化人口结构、引导区域人口合理分布上下工夫。具体而言，一个好的利益导向政策目标应该包括：

第一，人口数量增长的短期和长期均衡。人口的快速增长引起了有关"人口爆炸"的普遍担忧，但经历了一段快速增长期，人口增长明显减慢，人民的生育意愿和生育水平都下降到极低水平。2014 年放开的"单独二孩"政策在各省的实践中普遍没有达到政策预期，符合政策的家庭愿意生育二孩的比例远低于政策放开前的预测，当前"普遍二孩"的放开更意味着"少子化"取代了以往人们对"人口爆炸"的担忧。人口变化具有滞后性、惯性和代际传递性，人口政策应该未雨绸缪，避免人口规模大起大落。

第二，人口数量变动与结构变化的均衡。已有的利益导向政策基本都是围绕人口数量目标的调控，忽视了人口结构问题，而人口数量变动和人口结构变化是相互作用的。随着人口数量的下降，人口结构问题开始凸显，其中老龄化持续加深以及出生人口性别比在高位失衡是最为突出的两个结构问题。因此在稳定当前低生育水平的情况下，利益导向政策应该重视人口结构问题。

第三，人口规模与经济发展的均衡。通常而言，人口规模增长过快，不利于经济的增长，但我们也要认识到人口规模的大幅度下降也不利于经济的增长。同时还要认识到，人口规模不是影响经济增长的重要因素，在保持适度人口规模的情况下，提高人口素质更为重要。

第四，人口趋势与社会发展的均衡。人口构成了社会，是社会发展的基础。随着经济和社会的发展，婚育观念和家庭结构趋向多元化，对传统观念和家庭结构提出了挑战，也加速了原有社会结构的瓦解和新型社会结构稳定。应该重视人民的新观念和新型家庭结构，提高家庭的发展能力，促进社会的和谐。

第五，人口与环境的均衡。随着人口的增多，以及生活水平的提高带来的消费需求的提升，资源消耗增大，各种废弃物的排放加大，环境压力也会相应增大，这对环境的可持续性提出了挑战。因此需要引导人口与环境的发展相一致，走环境节约型的可持续发展道路。

第二节　计划生育利益导向政策评估框架

评估框架也称为评估模式，是政策评估的指导。对于公共政策评估而言，评估框架是评估理论、评估标准和评估方法的有机结合具体化，通过在一个可操作的流程内，将评估活动限定在一个客观的范围内，减少了评估活动的主观性，尽可能地保证评估的科学性。评估框架处于设计层面，评估活动直接受框架的影响，不同的评估框架会产生不同的评估结果。对计划生育利益导向政策评估而言，选择一个合适的评估框架尤为重要，该框架既要符合一般公共政策评估的客观性，又要兼具生育政策的特殊性。

（一）计划生育利益导向政策评估框架的设计

1. 计划生育利益导向政策评估框架的构建

公共政策评估框架经历了四次重大的发展。第一代评估框架以测量为标志，评估的重点是测量技术的发展，同时不足也很明显，没有考虑测量技术是否有适用性。第二代评估框架以描述为标志，强调实地调查的重要性，同时没有意识到调查本身就包含了价值的偏好。第三代评估框架以判断为标志，强调价值判断的作用，同时没有适应当前价值的多元主义。第四代评估框架以协商为标志，强调利益相关者的诉求，以及达成的共识，但确定相关方的利益有一定的难度。

计划生育利益导向政策作为一种公共政策，也要遵循公共政策评估框架的发展规律。因此，可以借鉴第三代公共政策评估框架，全面认知及合理设计计划生育利益导向政策评估框架，从系统的政策过程角度，将不同层面、不同阶段的评估相结合，综合地体现计划生育利益导向政策的制定与执行之间的因果关系，从而达到确切寻找到计划生育利益导向政策问题根源的目的。故此，本书同样将计划生育利益导向政策评估划分为三个阶段（如图2-1所示）。注意箭头推进方向，首先是结果评估，考察计划生育利益导向政策是否达到设计的目标；其次是制度评估，评估计划生育利益导向政策的制度设计是否有效地协助了政策目标的实现；最后是目标评估，从价值层面评价政策结果本身是否恰当、是否促进了某些社会认可的价值。

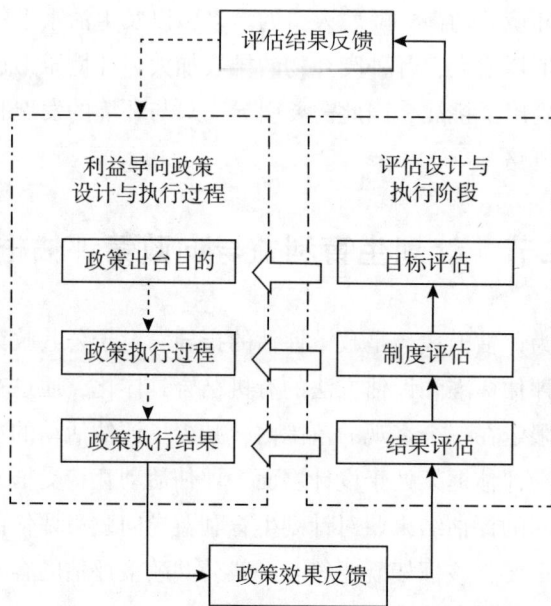

图 2-1　计划生育利益导向政策评估框架

　　每一阶段的政策评估通常都要包含以下五个方面的内容：一是公共政策信息。公共政策信息是进行公共政策评估的基本材料。如果缺乏相应的信息支持，公共政策评估也就无法进行，因此公共政策评估的前期工作就是努力收集有关公共政策执行过程、执行效果等相关信息，掌握更多的原始资料。二是评估指标。评估指标是进行公共政策评估所依据的标准。评估指标是公共政策评估的先决条件，没有明确的评估标准，公共政策评估也就无法进行了。三是测定。评估主体应根据公共政策评估标准和收集到的相关信息资料，在加工整理基础上对公共政策方案本身、执行过程和执行结果及影响进行描述。四是分析。根据测定的结果，运用定性与定量相结合的方法对公共政策方案、执行过程及执行效果进行解释与分析。其内容既涉及对公共政策进行价值判断，也涉及对公共政策的事实进行判断。这是公共政策评估中的核心的环节。五是建议。评估主体根据分析过程中的结论，提出下一步应该采取的行动方案。其内容包括公共政策调整，修改政策目标，改进政策执行过程，完善政策手段等。

计划生育利益导向政策作为人口政策，对其进行评估除了具有公共政策评估的普遍性外，还具有人口政策评估的特殊性。因此，对计划生育利益导向政策评估需要考察并回答如下两个重要问题：第一，计划生育利益导向政策是否实现了政策设计的目标；第二，计划生育利益导向政策是否有利于人口发展向有利的方向转变。计划生育利益导向政策评估的目标设定、内容确立和方法选择不是孤立的，是为了回答上述两个问题而密切相关的，需要在不同的评估阶段设立不同的评估目标、内容和方法。

2. 计划生育利益导向政策评估标准

政策评估标准是建立政策评估的前提和基础。如果政策评估标准模糊不清，就难以选取合适的评估方案，无法保证政策评估的科学、准确、公正。结合计划生育利益导向政策评估实践，计划生育利益导向政策评估应该遵循了以下三个标准：

(1)独立性

根据利益导向政策评估实施主体不同，可以分为内部评估和外部评估。内部评估是指由政府或其组织的有关人员对利益导向政策进行的评估。外部评估是指由独立于政府的评估机构或个体所进行的评估。内部评估具有信息优势，评估主体能对利益导向政策制定与实施的相关信息掌握的比较详细，过程比较熟悉，有利于评估活动的顺利开展。但是计划生育政策作为我国的基本国策，内部对其评估容易受预设目标的影响，对利益导向政策夸大优点、掩饰缺点。第三方对利益导向政策评估则具有两个方面的优点：第一，评估人员来自于高等院校、研究机构，业务素质较高、评估经验丰富，能够选择合理的评估方法与手段。第二，外部评估人员具有独立的地位，不受相关利益制约，有利于保证政策评估结论的客观性。

(2)时效性

人口形势的变化会推动人口理念的变化，进而对人口政策的评估也会产生重大的影响。利益导向政策是在控制人口实践中逐渐产生和完善起来的，每一时期的利益导向政策都与当时的人口、经济、社会以及资源环境相适应。然而人口形势不是一成不变的，当前我国正处于人口转变的完成期，人口结构向低生育、低死亡和低增长转变。我国人口理念发生了三个阶段的重要变化,早期理念是在 1987—2000 年,主要思路是严格控制人口数量,这一时期严格控制人口增长是人口政策的主要目标。中期理念是在 2001—2013 年,主要思路是在维持家庭规模不变的前提下,提升家庭发展能力。这一时期已经意识到独生子女家庭抗风险能力较低,因而在除了继续稳定低生育水平,人口政策还将提高人口素质、治理出生人口性别比失衡、建立计划生育困难家庭帮扶列为政策目标。当前理念是在 2014 年"单独二孩"政策放开以后,在提升家庭发展能力的同时,鼓励生育二孩,不再追求只生一个。人口形势的转变会推动人口政策评估的变化,已有的评估在当前来看可能不再合适。

(3)统筹兼顾性

利益导向政策至 1980 年实施以来,相关的奖励扶助措施也有所变化,一些不合时宜的措施已经不再实施或者名存实亡,例如独生子女优先就业、入托等;一些具有前瞻性的措施也不断地加入到利益导向政策体系中,例如计划生育困难家庭参加社会保障补贴。根据对当前全部利益导向政策的梳理,利益导向政策主要包括 11 项措施(见表 2-1)。由于措施较大,每一项大的措施下面都有小的措施,因此不可能对每一项措施都进行评估,只能考虑对具有典型性的措施进行评估,因此我们选取了"三项制度"以及独生子女保健费和高考加分措施进行评估。

表 2-1 当前主要利益导向政策的分类

措施分类	措施内容
独生子女保健费	终生只生育一个子女的育龄夫妻,从领取《独生子女光荣证》起至独生子女满 14 周岁止,每月发给 5 元独生子女保健费。
经济扶持	对独生子女家庭,在发放扶贫贷款、社会救济款物以及提供项目、技术、培训等方面给予优先照顾。
就学就业就医优先优待	独生子女在入托、入园、入学、升学、就医、就业等方面,凭《独生子女父母光荣证》享受优先照顾。
土地分配优先	农村在分配集体福利、宅基地,调整责任田、自留山、自留地时,独生子女家庭在同等条件下优先照顾或按两个孩子计算份额。
节育手术费减免	职工接受节育手术的,其工作单位应当凭节育手术证明按有关规定给予休假;休假期间的工资、津贴、补贴和奖金以及其他福利待遇不予扣减。
退休奖励金	实行计划生育的职工退休时,按下列规定增发 5% 的退休金,增发后的退休金不得超过本人原工资总额。

续表

措施分类	措 施 内 容
放弃二孩指标奖励	可以生育第二个子女，但自愿终身只生育一个子女并领取《独生子女光荣证》的夫妻，除享受上述有关优惠待遇外，再给予1000元至3000元的一次性奖励金。
手术并发症家庭帮扶	对节育并发症患者依照伤残等级发给一定的抚恤金或在农忙期间由所在村民委员会实行困难补助、免除部分提留款和摊派工或从当地计划生育公益金中给予适当照顾。
计划生育困难家庭帮扶	独生子女发生意外伤残、死亡，其父母不再生育和收养子女的，地方人民政府应当给予必要的帮助。
社会保障优先优惠	独生子女父母属农村居民或者城镇无业居民，丧失劳动能力，且子女赡养确有困难的，应当给予养老保障(纳入五保、按月给生活费)，并不得低于当地平均生活水平。
少生快富工程	国家对在西部地区，可以生育三个孩子而自愿少生一个或两个孩子，并落实安全适宜的长效节育措施的农牧区育龄夫妇实施专项资金奖励。

(二)计划生育利益导向政策评估框架的内容

1. 对计划生育利益导向政策结果的评估

(1)利益导向政策执行结果评估的目标设定

计划生育利益导向政策评估第一阶段是对政策实施效果和执行程度进行评估，描述由于政策的执行而带来的预期中或是预期外的社会变化，是从实证层面对利益导向政策的情况进行价值中立的事实性描述与分析。对任何一项利益导向政策评估首先必须进行客观准确的政策实施效果评估，它是一切后续评估的基础。

(2)利益导向政策执行结果评估的内容确定

计划生育利益导向政策执行结果评估旨在考察利益导向政策的立法目标是否实现，如果没有实现，立法目标的完成度是多少。因此对其进行评估包括三个方面：效果的评估、执行状况的评估和执行效率的评估。首先，从效果的评估来看，主要是评估利益导向政策出台后，利益导向政策的目标是否实现，与原定目标是否存在差距。如果有差距，体现在哪些方面。需要指出的是利益导向政策是由"三项制度"以及若干奖励扶助措施组合而成，而每一项奖励政策目标都有差异，因此需要分项进行评估。其次，政策执行评估通过考察利益导向政策各项奖励扶助措施的执行程度，判断利益导向政策效果的差距是否是由政策执行力度较差引起的。在利益导向政策执行中，相关部门尤其是计生部门是否完全履行了利益导向政策法规规定的责任。例如，在利益导向政策执行中相关部门是否有"懒政"的情况，政府是否主动告知每一个奖扶家庭可以享受的奖励政策，以及该项政策是否能够按时执行。最后，结合利益导向政策的效果评估和执行程度评估，可以进行利益导向政策实施的效率评估。效率评估是对利益导向政策的绩效进行评估，分析政策实施后社会总成本与总收益的差值。效率评估考察的是利益导向政策的实施是否实现了社会资源的有效配置，政策规定的各种机制是否有效率的执行。

（3）利益导向政策执行结果评估的方法选择

评估方法是计划生育利益导向政策评估的一个重要组成部分，也是计划生育利益导向政策得以完成其一系列过程、实现评估目标的重要手段。计划生育利益导向政策评估能否成功的关键之一在于评估方法选择与使用是否合理。目前公共政策效果评估方法主要分为两大类，一类是定性评估方法，如层次分析法、案例分析法；另一类则是定量评估方法，如倍差法、模糊综合法、成本-收益法等。这些方法各有自己的优点，但也存在各自的不足。在利益导向政策评估中，本书以定量研究为主，定性研究作为补充。

第一，定量分析。本书运用统计软件 stata12.0，通过创建多元回归面板方程，并配合其他公共统计数据，运用成本-收益法分析，客观且全面地揭示了计划生育利益导向政策实施的绩效。

第二，定性分析。本书主要采用文献法和案例分析。文献法主要是指通过查找文献资料，并整理、分析相关资料，达到了解计划生育利益导向政策真实属性的目的，便于了解研究对策的整体状况，为深层次的研究工作奠定基础。案例分析主要是以现实中典型的案例为研究对象，针对具体问题或者某个方面展开。本书着重对湖北省计划生育利益导向政策实施过程中出现的典型模式进行调查研究，为研究结论寻找现实支撑。

对每一项计划生育利益导向政策执行结果的评估，往往是多种方法共同使用。首先运用文献对该政策进行客观描述，然后运用统计数据进行初步的定量分析，最后可以用计量方法进行深入的分析。

（4）利益导向政策执行结果评估的指标选择原则

在指标设计的时候，需遵循以下四个基本原则。第一个是简明性原则，指标设计体系要简练，有层次性和针对性，过于繁琐的指标体系造成数据采集困难、指标相关性高等难以克服的缺陷，不利于实际的评估活动。第二个是系统性原则，要求评估指标体系能够全面、系统地反映政策效果的数量和质量，能反映出政策结构中不同层次之间的包含关系。第三个是实用性原则，指各指标的设计应具有实用性、可行性和可操作性。要求评估指标最终应是可衡量的、可评估的。第四个是动态性原则，要求指标体系要具有适当的可扩展性，能够根据不同的评估对象、评估要求和评估阶段灵活地增加或删减指标。

除了上述四个基本原则，在对利益导向政策执行结果评估阶段，指标选取还应该遵循两个重要原则。一个是效应原则，指标的选取应该体现利益导向政策目标的作用，这是需要重点考虑的。利益导向政策包含众多奖励扶助措施，每一项奖励扶助措施的目标都可能不同，因此选取指标的时候要体现每一项奖励扶助措施的目标。第二个是效果原则，选取的指标要反映利益导向政策既定目标的实现程度。不仅要了解政策目标是否实现，还应该知道如果没有实现，政策目标的完成度是多少，以便了解政策既定目标与实际效果的偏差度。

2. 对计划生育利益导向政策执行制度的评估

（1）利益导向政策执行制度评估的目标设定

在第一阶段政策执行结果评估的基础上，第二阶段展开对利益导向政策执行制度的评估，探寻政策执行制度的设计和政策效果之间的因果关系，以解释利益导向政策实际效果与目标效果偏差的原因——是政策没有被严格执行，或是政策严格执行但带来了没有预测到的社会变化，或者干脆是利益导向政策的制度设计存在问题。

（2）利益导向政策执行制度评估的内容确立

计划生育利益导向政策包含多项奖励扶助措施，每一项奖励扶助措施的执行手段和制度设计都不同，这会对利益导向政策的效果产生直接影响。例如农村计划生育家庭奖励扶助制度的资金全部来自政府，而独生子女保健费资金根据育龄父母身份的不同有政府和企业两个渠道，最终这两项措施的实际效果与目标效果的偏差就可能不同。因此，如果在第一阶段的效果评估中，表现出利益导向政策执行效果偏差，就需要进一步分析。分析利益导向政策执行出现偏差是政策宣传不到位，还是职能部门没有积极落实，抑或育龄群众对此不感兴趣。需要从计划生育利益导向政策执行的保障、监督以及制度设计等多个角度考虑。

（3）利益导向政策执行制度评估的方法选择

政策执行制度的评估方法与政策效果评估方法有差异，政策执行制度的评估是指采用社会科学的研究方法发现内在的因果关系。例如，采用双重差分法 DID 检验是常用来检验政策有效性的计量方法。在这个研究的基础上，可以进一步分析导致政策效果不理想的原因，是人力物力投入不足还是制度设计有问题抑或是组织形式本身不当。在做这些分析时，除了可以考虑运用专家意见法来分析合理性，还可以考虑问卷调查的形式，获得计划生育家庭和非计划生育家庭对现行利益导向政策执行制度的意见和建议，作为执行评估的参考。

（4）利益导向政策执行制度评估的指标选择原则

在利益导向政策执行制度评估阶段，指标选择主要考虑有效性、合理性和科学性三个原则。有效性是指选取的指标要反映利益导向政策的执行力度，以及奖励扶助家庭对利益导向政策的认同度和回应度。合理性是指选取的指标要反映利益导向政策监督机制的作用，以及地方政府执行利益导向政策的权限。科学性是指选取的指标要反映利益导向政策执行手段是否科学，是否符合计生家庭的利益。

3. 利益导向政策出台目标的评估

如果利益导向政策完全按照既定的规定执行，但在效果上不显著或者效率上造成了大量的资源浪费，或者从长远来看不利于人口发展，那么应该进一步评估最本质的问题，即利益导向政策的出台是否合理。

（1）利益导向政策出台目标评估的目标设定

如果在第二阶段的制度评估中发现利益导向政策制度设计并不是造成实施效果问题的主要原因，就需要启动第三阶段的政策出台目标评估。对利益导向政策出台目标合理性的评估可以进一步检查利益导向政策的合法性，旨在判断利益导向政策出台目标所追求的价值是否符合当前社会和家庭的需求。

当前人口形势与《关于控制我国人口增长问题致全体共产党员、共青团员的公开信》发布的年代已经有了极大的不同，持续低生育已经成为当前人口形势的"新常态"。国家统计局数据表明我国总和生育率已经从 70 年代的高位 5.81，下滑到 80 年代的更替水平左右为 2.24，2010 年进一步下滑到极低生育水平 1.18。甚至部分地区已经出现了实际生育率低于政策生育率的现象，2010 年东部和东北地区实际总和生育率为 1.368 和 0.891，低于当年的政策生育率 1.386 和 1.349。2014 年"单独二孩"放开后，年底主管部门公布数据显示 1100 万单独家庭仅有 70 万申请，申请数量远低于政府预期，预期与现实有较大落差。在这种持续低生育的人口新形势下，是否有必要继续推行利益导向政策或者说改变现行利益导向政策的政策目标，是有必要思考的问题。

（2）利益导向政策出台目标评估的内容设定

对利益导向政策出台目标的评估，是评估利益导向政策的目标是否符合当前社会需要以及当前的价值观念。利益导向政策具有补偿计生家庭、引导生育观念转变和促进人口转变的三重目标。利益导向政策的出台背景是 20 世纪 80 年代，作为严格一孩生育政策的配套措施。当时我国人口增长过快，对资源消耗产生了极大压力，利益导向政策主要是作为一种补偿措施，尽可能地降低计生家庭的不满情绪。然而，当前我国人口结构正趋向老龄化，二孩政策已经全面放开，当前社会和学界的主流观念是鼓励生育二孩，相关的公共政策应该向这个方法发展，这对当前的利益导向政策提出了反思的要求。

（3）利益导向政策出台目标评估的方法选择

利益导向政策的目标评估是指将众多利益相关方的诉求结合进行评估，是一种价值判断。包括对育龄群众的诉求评估，上级政府的诉求评估，计生部门的诉求评估以及其他相关部门的诉求评估。首先采用定性的方法，例如访谈法或者专家打分法将所有的诉求进行整合，然后在实践中将评估形成阶梯，后续的评估都是建立在前期的评估基础上，最终形成对利益导向政策的一种逆向评估。在这个基础上，确定利益导向政策的评估方法。运用科学的方法对计划生育利益导向政策的执行状况进行描述，作为下一步分析的依据，然后运用计量的方法进一步确定内在的逻辑关系。

（4）利益导向政策出台目标评估的指标选择原则

在这一阶段的评估，选取的指标应该满足合理性、完备性和科学性三个原则。合理性原则是指选取的指标应体现时代性和现实性，测算后的结果能够为人口政策未来的发展趋势提供实际的建议。完备性原则是指对利益导向政策进行评估要考虑是否与其他相关政策冲突，尤其当前的普惠性公共政策在目标人群与利益导向政策存在部分重合的情况，如何厘清普惠性公共政策和利益导向政策两者的关系，是需要考虑的。科学性原则是指选取的指标能够反映利益导向政策制订程序的科学性，以便对政策有一个纵向的理解。

（三）计划生育利益导向政策评估结果的使用

计划生育利益导向政策的评估结果的使用在表面上来看如此简单，即帮助政策制订者制订更好的人口政策，然而这条相对直接的运用原则在现实中并行不通。

第一，除了研究结果外，还有很多因素在影响政府对人口政策的制订。这些因素包括价值、信念和行政惯性以及政策制订者的经验、专长和判断能力。让评估结果发挥作用，就应该想办法把评估结果与这些因素结合起来。

第二，评估结果是明显而确定的。评估结果本身只是一个基础，并不能告诉政府应该怎么做和如何做。因此通过探索在何种情况下，利益导向政策能够取得理想的效果有利于政府对评估结果的使用。

第三，研究者与政策制订者通常拥有不同的资料观念、资料来源和资料吸收能力。这对最终评估结果能够发挥多大的作用有着至关重要的影响。

据此，Joseph、Harry 和 Kathryn（2010）认为政策完善是政策评估的终极目标，当着手评估工作的时候，从一开始就应该理解这份工作是如何帮助实现政策目标就变得尤为重要。他们提出了对政策结果使用的若干条建议，根据利益导向政策自身的特征，我们采用了其中的七条建议。第一，理解政府对利益导向政策评估结果的偏好；第二，一定要评估与政府需求最相关的问题；第三，在评估设计阶段初期，就应该预想最终的评估结果是什么模样；第四，认真评估抽样程序，以保证评估结果能够被政府理解；第五，当用到计量分析的时候，将清楚为什么这些方法是合适的，以及用到足够的样本数量；第六，提出的政策建议，要保证政治可行，规定谁应该在何时何地，采取何种行动方式；第七，根据不同的层级政府，可以调整报告。

第三章　计划生育利益导向政策绩效
评估指标体系构建

第一节　计划生育利益导向政策绩效评估指标体系的基础

一、利益导向政策绩效评估的内涵与标准

(一)计划生育利益导向政策绩效评估的内涵

指标是一种可以评估发展、确认挑战和需求、监督实施和评估结果的有效工具，它可以显示和某个重要目标或动机相联系的某种事物的发展情况，它是反映总体现象的特定概念和具体数值，是评估和监测经济社会发展的重要量化手段。评估指标体系则是一系列指标的组合。

任何政策都是在并非完美的政策方案中选择最优方案的结果，加之客观条件不断变化和新的政策问题不断产生，需要加强政策评估。随着人们对政策关注的焦点由过程转移到结果、由输入过渡到输出，管理学中的绩效观念越来越广泛地应用到政策评估中。亚洲开发银行认为绩效是一个相对概念，它可以用努力和结果类的词语进行界定。OECD(1994)认为绩效是实施某项活动所获得的相对于目标的有效性，它不仅包括从事该项活动的效率、经济性和效力，还包括活动实施主体对预定活动过程的遵从度以及该项活动的公众满意度。本书认为绩效就是某项行动的实施结果，对绩效的评估主要是根据科学的标准、方法和程序，对某项行为实施的结果进行全面具体的评价。绩效评估的目的主要是根据考评结果改进政策设计并提高政策执行的效率。

计划生育利益导向政策绩效评估主要是对政策实施的效率和效益进行评估。绩效评估体系是评估省级层面计划生育利益导向政策绩效的依据和工具，提供了描述、监测和评估省级层面计划生育利益导向政策绩效改善的基本依据或框架。省级层面计划生育利益导向政策绩效评估体系是一个从属于省级政府绩效评估体系的子

31

系统，由于涉及内容的多元性，通常表现为一个复杂和多维的结构体系。作为一个系统，它是由两个以上的要素构成的集合体，各要素之间相互联系相互作用，形成特定的结构。由于评估对象在数量和质量上的复杂程度不同，我们可以将省级层面上的计划生育利益导向政策绩效评估体系分为直线结构和树状结构两种。（利益导向政策的绩效评估体系是我们评估的工具，考虑到计划生育利益导向政策在全国并不是统一的，主要以省为单位各自执行，因此我们从省级层面进行评估。由于评估涉及多方面的内容，各个内容之间又相互联系，因此我们可以将评估体系分为直线结构体系和树状结构体系两种。）直线结构由一个一级指标和若干个子指标构成，较为简单，可以用来衡量微观领域、不太复杂的问题。树状结构由若干个一级指标构成，每个一级指标可以分为若干个二级指标，每个二级指标又可以细化为若干个三级指标。对于这样一个由目标、准则、具体操作指标、指标权重、评估标准等要素组成的指标体系，在数学上可以用有向树来描述之。

（二）计划生育利益导向政策绩效评估的标准

国内外学者和国家政府在进行绩效研究和绩效管理时，普遍以效果（Effect）、效率（Efficiency）和效益（Effectiveness）为评估的通行标准，即通常所说的"3E"标准。

1. 效果标准

随着绩效研究的深入和其社会功用的扩展，对政策实施结果的评估已经发展成为现代政府提高管理效能、完善公共事业发展的主要手段和重要参考。如同其他公共政策，计划生育利益导向政策的制定和实施，应该关注其执行效果，它是评估计划生育利益导向政策绩效的前提和基础。计划生育利益导向政策的政策效果主要是政策实施后对政策对象、非政策对象和政策环境产生的影响。

2. 效率标准

效率通常是指所获得的劳动成果与所消耗的劳动量或人力、物力之间的比率。在政策研究中，效率总是与政策资源的有限性和稀缺性联系在一起的。"当存在着资源的有限性（稀缺），并且一直是这样，那些资源应当被尽可能充分地用于促进社会目标的实现，这就是效率。"那么计划生育利益导向政策的效率评估就是在有限的政策资源投入的基础上获得最大产出，或者在产出量一定的情况下，尽可能降低成本。计划生育利益导向政策的成本首先包括政策摩擦成本，意味着新旧政策在更替演变时所消耗的资源。由于人口再生产类型和社会经济发展状况的不断变化，导致人口的数量、素质、结构、分布等问题不断呈现出新的问题和特点，为应对新问题、把握新形势，计划生育政策必然随着经济发展阶段和人口发展特征的变化而变化，总的来看，我国的计划生育政策经历了从"强制约束"到"利益导向"的转变，由于人们一般对旧的政策形成一定惯性，而对新的政策还无法完全适应时就会产生政策执行的摩擦成本。其次包括计划生育利益导向政策执行成本。执行计划生育利益导向政策必定耗费相当规模的政策资源，包括资金、人力、物力资源的投入。由于利益导向政策并不是以控制人口总数作为单一目标，是同时体现补偿性、奖励性和诱导性的人口政策发展方向，一般对物质奖励与惩罚、优先优惠措施、扶助与保障措施综合运用。计划生育利益导向政策涵盖了入学、就医、就业、社会保障、扶贫等诸多政策，需要教育、医疗、扶贫等多部门的配合，可想其执行成本相当大。

计划生育利益导向政策收益是该政策完成既定目标的程度，通过计划生育利益导向政策所引起的生育状况和社会环境的变化，既包含政策的直接影响，也包括间接影响；既关注正面收益，同时也不能忽视负面收益。

3. 效益标准

效益包含两层含义，一是投入与产出的对比关系；二是产出必须符合社会需要。从这个层面上讲，效益除了包含效率的意义以外，还具有"有益性"的意义，即活动的产出必须具有正价值。因此，计划生育利益导向政策效益可视为政策实施获得的社会需要和个人需求的政策效果。相较于微观个体的利益，效益更多的从宏观全局的视角考量政策实施的效果。如独生子女保健费政策和独生子女中高考加分政策，两者虽然都是利益导向政策，但政策受众面不同，由于中高考加分政策只是地方性政策，实施的范围狭窄，因此独生子女保健费政策的广度大于后者。除了考虑政策的广度，效益评估还需考虑政策的深度，即政策在满足公众需要的有效程度，它需要大众对政策的回应度来加以评判。如独生子女保健费政策虽然受众面广，但数额小，随着经济发展和物价水平的提高，使其对提高独生子女健康水平作用甚微，因此不能有效地满足大众需要。

二、计划生育利益导向政策评估指标体系的框架

由于传统的官僚政治体制不注重效果，不按行动的绩效拨款，而是按一贯的投入拨款，愈发导致了机构臃肿、效率低下、资源严重浪费。与此同时，理论界也出现了新右派体系，它相信市场力量，力主减少政府干预，力争政府做掌舵者，而不是划桨者。因此绩效管理理论被广泛地应用到对公共政策的绩效评估中。

绩效管理是指围绕提高管理绩效这一目标，通过采取明确组织使命与价值、制定绩效目标与计划、进行绩效监测与反馈、开展绩效评估与激励等措施对政府绩效进行监控、评估与改善，以及由此而作出的制度安排和实施的一系列管理措施、机

制和技术的统称。绩效管理是一个系统的过程，由明确政府使命与价值、制定绩效目标与计划、进行绩效监测与反馈、开展绩效评估与激励四个基本环节组成。绩效管理理论直接推动政府角色的转换和管理观念的更新，提高了政府整体受托责任，扩大了评估政府财政状况和行政能力的信息范围，政府管理者将借助财政支出分配和使用的评价信息，来制定合理的政策目标、预算和活动计划，并对具体项目和行为的可行性和合理性做出理性决策，以引导政府资源的合理流动和运行。因此基于绩效管理理论，建立计划生育利益导向政策评估指标体系框架。

建立政策绩效评估指标体系框架的核心在于，根据绩效管理理论，围绕政府绩效评估的目标构建一系列的指标。绩效管理理论指出，政府绩效评估的目标就是坚持"花钱买优质服务"的财政支出观念、推行"结果导向"的预算管理模式以及实现"与绩效结果挂钩"的财政拨款机制。

根据上述绩效评估目标，我们建立了一条逻辑主线。对于计划生育利益导向政策绩效评估而言，就是要回答三个问题"计划生育利益导向政策落实到位了吗"、"计划生育利益导向政策的收效如何"以及"哪些计划生育利益导向政策措施是重要的"。对这三个问题的回答形成了建立计划生育利益导向政策指标体系的逻辑主线。

第二节　利益导向政策绩效评估指标体系构建的原则与程序

一、评估体系构建的原则

(一)科学性原则

指标的科学性是指计划生育利益导向政策评估的相关指标体系的建立应该依据科学的理论，运用科学的方法选取指标。指标的含义要明确，概念界定要清晰；各个指标要具有一定的独立性，不能出现过多的强相关、内涵重叠的指标；同时，指标也要具有一定的灵敏度和区分度；而且要充分考虑到现阶段国内外公认的，具有通用性、权威性特征的评价指标。在科学原则的指导下，指标体系的构建要遵循系统的原则，要在对评价对象的构成要素及其相互关系进行系统分析之后，凭借科学的态度，深刻理解指标内涵的基础上，对所选指标进行系统的统计、分析、归纳，并反复论证，使指标体系内部各个子系统和各项具体指标之间相互配合、相互协调，所形成的评价体系可以比较真实、全面、准确反映被评价对象的实际状况。

(二)可比性原则

通常来说，一套评价指标体系既要可以用来进行跨地区(横向)的比较，又能对同一评价对象进行历时性(纵向)的比较。可比性原则就是包括不同评价对象之间的可比性和同一评价对象不同时期的可比性两个方面，即指标体系要符合统一性和一贯性，才能在空间上和时间上达到可比性。这就要求我们在设计计划生育利益导向政策绩效评估指标体系的时候，一是要考虑到绩效评估的共同属性，做到指标保持省级层面本质上的一致性，这样才能达到空间上的一致性；二是要考虑到指标体系层次之间的相互独立性，同一层次指标的相互独立性，做到各个层次之间的指标不能交叉重叠。值得特别注意的是，对不同地区或不同时间进行比较时，首先要做到评价指标的口径一致，统计范围一致；同时，要尽量使用相对数、比例数、指数和平均数等，便于对不同对象进行比较研究，但是为了反映不同评价对象之间规模上的差异，可以选取计量范围、统计口径一致的绝对指标。

(三)操作上的可行性

通过指标体系来考察计划生育利益导向政策绩效是一项源于实践、影响实践的活动，所以，指标体系要具有现实操作的可行性，被选择的指标要能够被采集、统计测量、聚合，并具有描述和分析的功能，是一种科学、实用的评价方法和工具，能够客观地反映政策绩效的大小。同时，利益导向绩效是一个动态的过程，这就要求指标体系可以通过其内在相互联系的指标组合反映绩效变化情况，为省级政府进行调控和改进其能力做出有价值的指导。鉴于本指标体系的建立也是根据现阶段省级层面的特点及作者现有的认知和研究，随着省级政府政策实施的发展变化，此指标体系也要随之进行局部调整和不断改进优化。

(四)导向性原则

好的评价体系不但要能反映评价对象当前的特征，还应能对评价对象的发展起到正确的导向作用。对省级层面上的绩效评估的主要目是对当前省级层面进行公正、科学、真实的评估，并能够找出政策执行过程中的缺点和不足之处，为提高政策实施效果提供强有力的科学依据，促进其全面地改善和提高。因此，在指标选取时，不仅要能体现出省级层面计划生育利益导向政策实施现在的发展状况，更要考虑到其面临的新环境和职能转变要求，体现其以后的发展趋势。

二、评估体系构建的程序

绩效评估是一个循环的流动过程，是一种有计划、按步骤进行的活动，程序是否规范直接影响绩效评估的质量。英国在公务员绩效评估工作中特别重视程序的科学性，他们不是把程序简单地视为评估的先后顺序，而是作为公务员绩效评估制度的一个重要组成部分，精心慎重地进行合理安排。英国公务员绩效评估的程序基本上由6个步骤构成：部门制定年度目标、个人制定年度目标、年中对照检查本人年度目标落实情况、自我写出评估材料、管理者写出对被评估者的评估报告、被评估人向上级提请评估复议。美国国家公共生产力研究中心主任、美国行政学协会现任会长马克·霍哲(Marc Holzer)教授认为，一个良好的绩效评估程序应包括7个步骤：鉴别要评估的项目、陈述目的并界定所期望的结果、选择衡量标准或指标、设置业绩和结果(完成目标)的标准、监督结果、业绩报告、使用结果和业绩信息。根据我国的实际情况，借鉴国内外有关研究成果，可以把我国地方政府绩效评估的基本程序分为：前期准备、评估实施和结果运用三个步骤。

(一) 前期准备阶段

充分的前期准备是地方政府绩效评估的必要前提和重要基础。有着充分的准备才能够更好地明确任务目标，把握住重点，抓住关键点。前期准备的主要任务包括确定评估项目和制定评估方案：

1. 确定评估项目

这本质上就是确定评估内容的问题。确定要评估的项目时，一是要立足政府管理的需要。选择那些有助于政府管理提升的项目，而对那些对政府管理以及社会经济发展没有多大评估价值的项目不予选择。二是要充分考虑现有条件。因为评估的实施要受到多方面条件的影响或者限制，如果这些条件满足不了，那么即使想要评估的项目很重要，也不能选择其作为评估项目。三是评估要具有全面系统性。应从全面、系统的高度分析和选择评估项目，体现绩效评估项目的全面性、系统性和整体性。四是评估项目要主次分明。由于现实中可以进行评估的项目很多，必须要把握住重点，选择那些对地方政府绩效重要的关键性项目，评估主次分明，这样才能更好地做到有的放矢，评估有效率，效果突出。

2. 制订评估方案

一般而言，评估方案应该包括如下的几项内容：第一，评估什么。即确定评估的对象。评估的对象多种多样，可以是一级政府，也可以是一级政府的某个或某几个职能部门或某一项专门的行政事务，还可以是政府中的领导和工作人员个人。应根据评估的目的明确评估对象，解决评估什么的问题。第二，为什么要评估。即要明确评估的目的是什么，这是绩效评估成功的一个重要前提。第三，由谁来进行评估。由于政府绩效评估的主体很多，应该结合着评估对象的性质、特点和要求，选择合适的评估主体。一般来讲，应把自我评估与上级评估、下级评估、同级评估、群众评估、专家评估有机结合起来，整合不同评估主体的优势，增强评估结果的客观性、公正性。第四，评估标准。即确定评估的指标体系和标准。绩效评估指标是指评估对象的哪些方面，基于一个客观的评价体系进行评估。第五，运用什么方法来评估。评估的方法直接影响着评估的效果，因此选择合适的评估方法也尤为重要。在实际的选择过程中，应根据评估对象的性质和特点，选择和确定评估的方法。

(二)评估实施

评估实施是绩效评估程序中的一个核心环节，其主要任务是参照评估指标体系和评估标准，利用有效手段全面收集绩效评估的有关信息，运用相应的评估方法，对所获得的有关绩效评估的信息进行整理、加工和处理，去粗取精，去伪存真，由此及彼，由表及里，做出评估结论。在这一阶段，应坚持三个原则：一是真实性原则。确保评估基础资料的真实、准确，要建立和健全评估信息审核制度，对评估信息的真实性、准确性及时作出严格的审核，尽力挤掉评估信息中的错误或冗余内容。二是一致性原则。所采用的评估基础数据、指标口径、评估标准和评估方法要前后保持一致。三是独立性原则。实行"异体评估"，要保持评估主体的相对独立性，尽量防止和避免评估对象及其他人为因素的影响和制约，得出客观、公正、公平的评估结果。受理评估申诉，是绩效评估程序中的一个重要补救措施和环节。在绩效评估过程中，评估主体总是要受一定的主客观条件的影响和制约，评估的偏差确实难以避免。一旦发生偏差，抑或因被评估对象认识上的不一致，被评估对象不赞同评估结论，被评估对象可以根据有关程序向评估主体或上级机关提出评估申诉，有关单位和部门应及时受理被评估对象提出的申请，复核或评估评估结果。

(三)结果运用

结果运用既是评估的延续，又是评估的目的所在。评估的目的在于根据评估结果，寻差距、找经验，促进政府治理和提高政府绩效。正如凯特(Donald. Ket)所指出的，绩效评估正是通过国家立法或国家行政立法对绩效目标的规定，是把政府公共管理活动与对法律负责、对行为结果负责、对社会公众负责统一起来。

运用绩效评估结论改进政府工作突出表现在：(1)政府公共事业管理绩效评估结论能够改进政府的财政预算，督促政府以最少的投入做一定的事情；(2)能够通过部门之间的评估从而使上下级、同级部门之间充分交流看法和意见，协调部门之间的工作；(3)绩效评估结论通过对政府政策得失的分析，能够改善政府的公共政策；(4)通过公民参与政府绩效评估，促使政府优化公共服务的供给。政府绩效评估确保了政府承担起公共责任，可以说，政府绩效评估工作是政府公共责任得以落实的保障机制；通过对政府过去工作成绩的总结，有益于总结经验、吸取教训，从而使政府对后续的工作做出更好的发展规划；根据绩效评估结果确定有关人员的奖惩，加强人员的科学管理。地方政府绩效评估基本程序的运行一环扣一环，依次递进，而且还是一个不断循环的过程。前一次的绩效评估为后一次绩效评估提供参考和启示。地方政府绩效评估的程序循环不是周而复始的简单循环，而是在学习借鉴前次评估基础上的螺旋式上升的循环进程。规范地方政府绩效评估就是为了提供一套有效的规则。设计规则的目的就在于提高个人和组织行为的绩效。因此，科学的程序有助于保障评估行为本身的高效。

第三节　利益导向政策绩效评估指标体系构建的内容

在评估计划生育利益导向政策绩效时，考虑到当前计划生育利益导向实施情况，以及利益导向的方向，本书构建了一个三级指标体系（见表 3-1）。一级指标包括政策实施力度、人口均衡水平、家庭发展能力三个方面。

表 3-1　　　　　　　　　　　利益导向政策绩效评估指标体系

一级指标	二级指标	三级指标
政策实施力度	政策惠及度	奖扶金额
		特扶金额
	政策惠及面	奖扶金奖励人数
		特扶金奖励人数
人口均衡水平	人口数量效果	出生率
		人口自然增长率
		已婚育龄妇女避孕率
		节育措施人数
	人口结构效果	少儿抚养比(年龄结构)
		出生人口性别比(性别结构)
		城市化水平
家庭发展能力	人口素质	每千人卫生技术人员人数
		每十万人在校大学生人数
	经济能力	人均收入水平
		人均消费水平
		恩格尔系数

政策实施力度。我国当前计划生育利益导向制定了以三项政策为主的多项政策措施，那么这些政策实施力度如何，可以作为衡量政策绩效评估的重要指标。在本书中政策实施力度包括了政策惠及度和政策惠及面两个方面，政策惠及度反映的是政策实施的深度，政策惠及面反映的是政策惠及的广度。更具体来说，政策惠及度包括了省级层面上的奖扶金额和特扶金额，政策惠及面包括了省级层面上的奖扶金奖励人数和省级层面上的特扶金奖励人数。

人口均衡水平。人口均衡水平是计划生育利益导向的重要方向。在本书中我们用人口数量效果和人口结构效果两个方面表示。人口数量效果反映的是计划生育利益导向政策对人口数量和节育措施上的控制效果，我们用出生率、人口自然增长率、已婚育龄妇女避孕率、节育措施人数四个三级指标来表示。人口结构效果用少儿抚养比、出生人口性别比及城市化水平来表示。

家庭发展能力。促进家庭发展能力的提升是计划生育利益导向的又一个重要内容。本书用人口素质和经济能力测量家庭发展能力的大小。其中人口素质用每千人卫生技术人员人数和每十万人在校大学生人数来表示，经济能力用省级层面上的人均收入水平、人均消费水平和恩格尔系数来表示。

第四节　利益导向政策绩效评估指标权重的确定

一、权重确定

在评估利益导向政策绩效时，各个指标权重的大小直接关系到评估质量的高低。目前，权重的确定有多种方法。最简单的方法是研究者根据个人的经验，结合对各个指标重要程度的认知给予各个指标一定的权重。但这种方法具有很大的主观性，往往会造成一定的评估误差。因此，合理的做法应该是集体讨论来确定指标的权重大小，这样可以有效减少个人主观片面性，增强评价的合理性。目前主要的方法有等权赋值法、德尔菲法、层次分析法、主成分分析法。

(一)等权赋值法

等权赋值法是指对各个指标赋予相同的权重，优点在于操作方便，但缺点主要是权重设置的主观化过强，可能会造成评估结果的较大偏差，当前在部分研究中也被采用。

(二)德尔菲法

德尔菲法(Delphi method)，是采用背对背的通信方式征询专家小组成员的预测意见，经过几轮征询，使专家小组的预测意见趋于集中，最后做出符合市场未来发展趋势的预测结论。德尔菲法又名专家意见法或专家函询调查法，是依据系统的程序，采用匿名发表意见的方式，即团队成员之间不得互相讨论，不发生横向联系，只能与调查人员发生关系，以反复的填写问卷，以集结问卷填写人的共识及搜集各方意见，可用来构造团队沟通流程，应对复杂任务难题的管理技术。

（三）层次分析法

所谓层次分析法，是指将一个复杂的多目标决策问题作为一个系统，将目标分解为多个目标或准则，进而分解为多指标（或准则、约束）的若干层次，通过定性指标模糊量化方法算出层次单排序（权数）和总排序，以作为目标（多指标）、多方案优化决策的系统方法。

层次分析法是将决策问题按总目标、各层子目标、评价准则直至具体的备投方案的顺序分解为不同的层次结构，然后用求解判断矩阵特征向量的办法，求得每一层次的各元素对上一层次某元素的优先权重，最后再以加权和的方法递阶归并各备择方案对总目标的最终权重，此最终权重最大者即为最优方案。这里所谓"优先权重"是一种相对的量度，它表明各备择方案在某一特定的评价准则或子目标下优越程度的相对量度，以及各子目标对上一层目标而言重要程度的相对量度。层次分析法比较适合于具有分层交错评价指标的目标系统，而且目标值又难于定量描述的决策问题。其用法是构造判断矩阵，求出其最大特征值，及其所对应的特征向量 W，归一化后，即为某一层次指标对于上一层次某相关指标的相对重要性权值。

（四）主成分分析法

主成分分析（Principal Component Analysis，PCA），将多个变量通过线性变换以选出较少个数重要变量的一种多元统计分析方法。主成分分析是设法将原来众多具有一定相关性的指标（比如 P 个指标），重新组合成一组新的互相无关的综合指标来代替原来的指标。

主成分分析，是考察多个变量间相关性的一种多元统计方法，研究如何通过少数几个主成分来揭示多个变量间的内部结构，即从原始变量中导出少数几个主成分，使它们尽可能多地保留原始变量的信息，且彼此间互不相关。通常数学上的处理就是将原来 P 个指标作线性组合，作为新的综合指标。本书将采用主成分分析法来确定各指标的权重。最经典的做法就是用 F1（选取的第一个线性组合，即第一个综合指标）的方差来表达，即 Var(F1)越大，表示 F1 包含的信息越多。因此在所有的线性组合中选取的 F1 应该是方差最大的，故称 F1 为第一主成分。如果第一主成分不足以代表原来 P 个指标的信息，再考虑选取 F2 即选第二个线性组合，为了有效地反映原来信息，F1 已有的信息就不需要再出现在 F2 中，用数学语言表达就是要求 Cov(F1，F2)＝0，则称 F2 为第二主成分，依此类推可以构造出第三、第四……第 P 个主成分。

本书中计划生育利益导向政策绩效评估指标体系分为三级。第一级是利益导向政策综合绩效；第二级评估利益导向政策的有 3 个指标：政策实施力度、人口均衡水平、家庭发展能力；第三级是隶属于第二级指标的 16 个指标。接下来分别对各二级指标下的三级指标做主成分分析。

二、计算权重

(一) 政策实施力度

表 3-2 和表 3-3 是对奖扶金额对数、特扶金额对数、奖扶金奖励人数对数、特扶金奖励人数对数进行主成分分析的结果，从表中可发现，初始特征值大于 1 的主成分就 1 个，且累计方差贡献率达到了 78.817%。因此，奖扶金额对数(X_{11})、特扶金额对数(X_{12})、奖扶金奖励人数对数(X_{13})、特扶金奖励人数对数(X_{14})的权重为 0.266、0.211、0.269 和 0.254，即

$$Y_1 = 0.266X_{11} + 0.211X_{12} + 0.269X_{13} + 0.254X_{14}$$

表 3-2　　　　　　　　　　　　　　　**解释的总方差**

成分	初始特征值			提取平方和载入		
	合计	方差的 %	累积 %	合计	方差的 %	累积 %
1	3.153	78.817	78.817	3.153	78.817	78.817
2	0.584	14.595	93.412			
3	0.257	6.416	99.827			
4	0.007	0.173	100.000			

提取方法：主成分分析。

表 3-3　　　　　　　　　　　　　　　**成 分 矩 阵**

	成　分
	1
奖扶金奖励人数对数	0.951
特扶金奖励人数对数	0.898
奖扶金额对数	0.940
特扶金额对数	0.747

提取方法：主成分，已提取了 1 个成分。

(二) 人口均衡水平

表 3-4 和表 3-5 汇报了人口均衡水平的主成分分析结果。可以看到，初始特征值大于 1 的有两个且累计方差贡献率达到了 85.016%。因此可以提取两个主成分。根据表 3-5 的结果，出生率(X_{21})、人口自然增长率(X_{22})、少儿抚养比(X_{23})、性别比(X_{24})、城市化水平(X_{25})这五个指标在成分 F1 上较大的载荷值，并且这 5 个指标主要反映的是人口结构信息，因此我们把 F1 命名为人口结构效应。已婚育龄妇女避孕率(X_{26})和节育措施人数对数(X_{27})这两个指标在主成分 F2 的载荷值较大，且主要反映了人口数量信息，因此我们把 F2 命名为人口数量效应。

用表 3-5(初始因子载荷矩阵)中的数据除以主成分相对应的特征根开平方根便得到两个主成分中每个指标所对应的系数。得到的两个主成分如下：

$$F1 = 0.484X_{21} + 0.488X_{22} + 0.455X_{23} + 0.333X_{24} - 0.360X_{25} - 0.271X_{26} - 0.083X_{27}$$

$$F2 = 0.085X_{21} + 0.015X_{22} + 0.230X_{23} - 0.384X_{24} - 0.421X_{25} + 0.456X_{26} + 0.638X_{27}$$

用第一主成分 F1 中每个指标所对应的系数乘上第一主成分 F1 所对应的贡献率再除以所提取两个主成分的两个贡献率之和，然后加上第二主成分 F2 中每个指标所对应的系数乘上第二主成分 F2 所对应的贡献率再除以所提取两个主成分的两个贡献率之和，即可得到综合得分模型：

$$F = 0.348X_{21} + 0.327X_{22} + 0.378X_{23} + 0.088X_{24} - 0.381X_{25} - 0.024X_{26} + 0.163X_{27}$$

最后，对各指标系数进行归一化处理，则可得到：

$$Y_2 = 0.204X_{21} + 0.191X_{22} + 0.221X_{23} + 0.051X_{24} - 0.223X_{25} - 0.014X_{26} + 0.095X_{27}$$

表 3-4　　　　　　　　　　　　　　解释的总方差

成分	初始特征值			提取平方和载入		
	合计	方差的 %	累积 %	合计	方差的 %	累积 %
1	3.923	56.042	56.042	3.923	56.042	56.042
2	2.028	28.973	85.016	2.028	28.973	85.016
3	0.518	7.405	92.420			
4	0.227	3.236	95.656			
5	0.215	3.076	98.732			
6	0.085	1.214	99.946			
7	0.004	0.054	100.000			

提取方法：主成分分析。

表 3-5   成 分 矩 阵

	成　　分	
	1	2
出生率	0.958	0.121
人口自然增长率	0.967	0.022
少儿抚养比	0.901	0.327
性别比	0.659	−0.547
城市化水平	−0.713	−0.600
已婚育龄妇女避孕率	−0.537	0.649
节育措施人数对数	−0.165	0.908

提取方法：主成分，已提取了 2 个成分。

(三) 家庭发展能力

表 3-6 和表 3-7 汇报了家庭发展能力的主成分分析结果。可以看到，初始特征值大于 1 的有两个且累计方差贡献率达到了 71.285%。因此可以提取两个主成分。根据表 3-7 的结果，每千人卫生技术人数(X_{31})、每十万人在校大学生数(X_{32})在主成分 F1 的载荷值更大，而这两个指标主要反映了人口素质潜力，因此我们把主成分 F1 命名为人口素质因子；收入对数(X_{33})、支出对数(X_{34})和农村恩格尔系数(X_{35})反映的是家庭经济状况，因此我们把主成分 F2 命名为家庭经济能力因子。

同理，用表 3-7(初始因子载荷矩阵)中的数据除以主成分相对应的特征根开平方根便得到两个主成分中每个指标所对应的系数。得到的两个主成分如下：

$$F1 = 0.335X_{31}+0.221X_{32}+0.475X_{33}+0.572X_{34}-0.535X_{35}$$
$$F2 = 0.632X_{31}+0.398X_{32}+0.325X_{33}-0.406X_{34}+0.415X_{35}$$

同理，用第一主成分 F1 中每个指标所对应的系数乘上第一主成分 F1 所对应的贡献率再除以所提取两个主成分的两个贡献率之和，然后加上第二主成分 F2 中每个指标所对应的系数乘上第二主成分 F2 所对应的贡献率再除以所提取两个主成分的两个贡献率之和，即可得到综合得分模型：

$$F = 0.460X_{31}+0.295X_{32}+0.412X_{33}+0.162X_{34}-0.137X_{35}$$

最后，对各指标系数进行归一化处理，则可得到：

$$Y_3 = 0.314X_{31}+0.201X_{32}+0.281X_{33}+0.111X_{34}-0.093X_{35}$$

表 3-6　　　　　　　　　　　　　　　　**解释的总方差**

成分	初始特征值			提取平方和载入		
	合计	方差的 %	累积 %	合计	方差的 %	累积 %
1	2.073	41.451	41.451	2.073	41.451	41.451
2	1.492	29.834	71.285	1.492	29.834	71.285
3	0.922	18.445	89.730			
4	0.388	7.759	97.489			
5	0.126	2.511	100.000			

提取方法：主成分分析。

表 3-7　　　　　　　　　　　　　　　　**成 分 矩 阵**

	成　　分	
	1	2
每千人卫生技术人数	0.482	0.772
每十万人在校大学生数	0.318	0.486
收入对数	0.684	0.397
支出对数	0.823	−0.496
农村恩格尔系数	−0.770	0.507

提取方法：主成分，已提取了 2 个成分。

(四) 利益导向政策综合绩效

最后，我们再一次运用主成分分析方法对政策实施力度、人口均衡水平与家庭发展能力进行主成分分析，汇报结果如表 3-8 表 3-9 所示。可得到利益导向绩效的表达式为：

$$Y = 0.296Y_1 - 0.348Y_2 + 0.356Y_3$$

表 3-8　　　　　　　　　　　　　　　　**解释的总方差**

成分	初始特征值			提取平方和载入		
	合计	方差的 %	累积 %	合计	方差的 %	累积 %
1	1.945	64.838	64.838	1.945	64.838	64.838
2	0.668	22.279	87.117			
3	0.386	12.883	100.000			

提取方法：主成分分析。

表 3-9 　　　　　　　　　　　　　　　**成 分 矩 阵**

	成　　　分
	1
政策实施力度	0.712
人口均衡水平	−0.839
家庭发展能力	0.856

提取方法：主成分，已提取了 1 个成分。

根据上述的分析结果，各个二级指标和三级指标的权重如表 3-10 所示。

表 3-10 　　　　　　　　**利益导向政策绩效评估指标体系权重**

一级指标	二级指标	权重	三级指标	权重
利益导向政策绩效（Y）	政策实施力度（Y_1）	0.296	奖扶金额对数（X_{11}）	0.266
			特扶金额对数（X_{12}）	0.211
			奖扶金奖励人数对数（X_{13}）	0.269
			特扶金奖励人数对数（X_{14}）	0.254
	人口均衡水平（Y_2）	−0.348	出生率（X_{21}）	0.204
			人口自然增长率（X_{22}）	0.191
			少儿抚养比（X_{23}）	0.221
			性别比（X_{24}）	0.051
			城市化水平（X_{25}）	−0.223①
			已婚育龄妇女避孕率（X_{26}）	−0.014
			节育措施人数对数（X_{27}）	0.096
	家庭发展能力（Y_3）	0.356	每千人卫生技术人员人数（X_{31}）	0.314
			每十万人在校大学生人数（X_{32}）	0.201
			人均收入对数（X_{33}）	0.281
			人均消费对数（X_{34}）	0.111
			农村恩格尔系数（X_{35}）	−0.093

按照同理，在进行奖扶政策的绩效评估时，各个指标的权重如下（见表 3-11）：

———————————

① 这里的负号只是表示对政策绩效的正负效果，并不表示为负值。

表 3-11　　　　　　　　　　　奖扶政策绩效评估指标体系权重

一级指标	二级指标	权重	三级指标	权重
利益导向 政策绩效 （Y）	政策实施力度 （Y_1）	0.146	奖扶金额对数（X_{11}）	0.5
			奖扶金奖励人数对数（X_{12}）	0.5
	人口均衡水平 （Y_2）	-0.416	出生率（X_{21}）	0.204
			人口自然增长率（X_{22}）	0.191
			少儿抚养比（X_{23}）	0.221
			性别比（X_{24}）	0.051
			城市化水平（X_{25}）	-0.223
			已婚育龄妇女避孕率（X_{26}）	-0.014
			节育措施人数对数（X_{27}）	0.096
	家庭发展能力 （Y_3）	0.438	每千人卫生技术人员人数（X_{31}）	0.314
			每十万人在校大学生人数（X_{32}）	0.201
			人均收入对数（X_{33}）	0.281
			人均消费对数（X_{34}）	0.111
			农村恩格尔系数（X_{35}）	-0.093

按照同理，在进行特扶政策的绩效评估时，各个指标的权重如下（见表 3-12）：

表 3-12　　　　　　　　　　　特扶政策绩效评估指标体系权重

一级指标	二级指标	权重	三级指标	权重
利益导向 政策绩效 （Y）	政策实施力度 （Y_1）	0.331	特扶金额对数（X_{11}）	0.5
			特扶金奖励人数对数（X_{12}）	0.5
	人口均衡水平 （Y_2）	-0.344	出生率（X_{21}）	0.204
			人口自然增长率（X_{22}）	0.191
			少儿抚养比（X_{23}）	0.221
			性别比（X_{24}）	0.051
			城市化水平（X_{25}）	-0.223
			已婚育龄妇女避孕率（X_{26}）	-0.014
			节育措施人数对数（X_{27}）	0.096
	家庭发展能力 （Y_3）	0.325	每千人卫生技术人员人数（X_{31}）	0.314
			每十万人在校大学生人数（X_{32}）	0.201
			人均收入对数（X_{33}）	0.281
			人均消费对数（X_{34}）	0.111
			农村恩格尔系数（X_{35}）	-0.093

第五节　利益导向政策绩效评估的数据来源及处理方法

一、数据来源

本书使用的数据主要来源于 2011—2015 年省级层面上的《中国人口年鉴》、《中国统计年鉴》、《中国人口与就业统计年鉴》，以及河北、内蒙古、辽宁、吉林、黑龙江、山东、河南、湖北和海南等九个省份奖励扶助制度、特别扶助制度的数据。之所以选取这九个省，不是因为这九省具有代表性，而是我们只能获得这九个省的数据。

二、数据处理

（一）指标的处理。本研究所构建的计划生育利益导向政策评估指标体系中的部分数据无法从统计年鉴上直接获取。其中，有些指标的数据需要根据年鉴上现有指标的原始数据进行计算处理，有些指标则需要利用年鉴上可获取指标的数据来替代。

（二）缺失数据的处理。由于部分数据存在缺失的情况，为了最大限度地利用样本信息，尽可能地对数据进行补充。通常可以采用的方法有内插法和外推法，本研究主要采用外推法，根据已知年份的数据推算缺失年份的数据。

（三）数据标准化。标准化处理的目的是消除不同指标的量纲，使两项及多项数据之间具有可比性。标准化处理的方法有很多，本书在此运用最常用的 z-score 标准化方法进行处理，这种方法又称为标准差标准化，是基于原始数据的均值和标准差进行数据的标准化，具体计算方法是：用原始数据与均值的差再除以标准差，就能得到标准化后的数据，通过这种方法可以直观地反映出各个省份的指标和绩效是否达到平均水平，标准化后的数据为负，说明该省的该项指标或绩效没有达到平均水平；若为正，则说明该省的该项指标或绩效达到或超过平均水平。经标准化处理后的数据和奖扶金额指标权重、奖扶金奖励人数指标权重，带入综合得分公式则可以计算出各个省份奖励扶助制度和特别扶助制度的绩效得分，根据绩效得分的高低、正负情况对不同省份的利益导向政策绩效评估和比较。通过计算九个省份的扶助金额、奖励人数指标得分，以了解 2010 年至 2014 年样本省份的指标得分和绩效得分变化情况，并且分区域进行比较，对结果进行比较和分析。

第四章 农村计划生育家庭奖励 扶助制度绩效评估

第一节 奖励扶助制度基本情况

一、奖励扶助制度出台的背景

2003 年 8 月 18 日，关于农村部分计划生育家庭扶助制度的报告上报中央，8 月 19 日即得到中央多位领导人的明确批示。负责此项目的课题组为进行广泛而深入的调研，获取研究、分析所需的第一手材料和数据，先后到贵州、重庆、云南、甘肃、湖南、宁夏等省、市、区实地收集了进行各项研究的资料，倾听群众的呼声，耐心听取群众的意见，以及他们所关心的与自身利益密切的问题。课题组通过对所收集数据的统计、分析与评估，提出了按步骤、分层次探索实行农村计划生育家庭奖励扶助制度的建议。

党中央、国务院对实行农村计划生育家庭奖励扶助制度非常重视。2004 年 2 月 27 日，国务院办公厅发出《转发国家人口计生委、财政部关于开展对农村部分计划生育家庭实行奖励扶助制度试点工作意见的通知》。同年 3 月 11 日，胡锦涛总书记、温家宝总理在全国人口资源环境座谈会布置人口计生工作时，强调要在农村做好部分计划生育家庭奖励扶助制度试点工作的必要性。4 月 1 日，财政部、人口计生委联合在北京召开了全国农村部分计划生育家庭奖励扶助制度试点工作会议，在全国层面对制度的试点工作进行了部署与规划。5 月 13 日，财政部、人口计生委又联合下发了关于《农村部分计划生育家庭奖励扶助制度试点方案（试行）》的通知。至此，农村部分计划生育家庭奖励扶助制度从国家层面正式启动实施。

二、奖励扶助制度具体内容

作为农村部分计划生育家庭奖励扶助制度的国家安排，2004 年 5 月 13 日由财政部、国家人口计生委联合印发的《农村部分计划生育家庭奖励扶助制度试点方案(实行)》,对奖励扶助制度试点工作的基本内容作出了明确说明与阐述,并成为奖励扶助制度在国家层面展开的基础文件。

(一)实施范围。从 2004 年起,首先在四川、云南、甘肃、青海省和重庆市,以及河北、山西、黑龙江、吉林、江西、安徽、河南、湖南、湖北各 1 个地(州、市),贵州省遵义市进行试点,同时鼓励东部省份按照国家统一要求自行试点,取得经验后逐步在全国推开。

在 2004 年部分地区试点的基础上,经逐级申报、国家抽查和审核,2005 年进入国家扩大试点范围的省份是:1. 中部地区的河北、山西、吉林、黑龙江、安徽、江西、河南、湖北、湖南、海南 10 个省,以省为单位扩大试点。2. 西部地区的内蒙古、广西、贵州、陕西、宁夏、新疆 6 个省(区),以省为单位扩大试点。西藏自治区在 12 个县试点。3. 东部地区的辽宁、福建 2 省,以省为单位扩大试点。山东省在 22 个市(县、区)试点。东部地区北京、天津、上海、江苏、浙江、广东等其他省(市)和计划单列市仍自筹资金安排试点。2004 年首批试点的四川、重庆、云南、甘肃、青海 5 省(市)仍以省为单位试点。2006 年在全国全面实施。

(二)制度目标人群。奖励扶助对象应同时具备以下条件:①本人及配偶均为农业户口或界定为农村居民户口;②没有违反计划生育法律法规和政策规定生育;③现存一个子女或两个女孩或子女死亡现无子女;④年满 60 周岁。

(三)资格确认程序。①本人提出申请;②村民委员会审议并张榜公示;③乡(镇)人民政府(街道办事处)初审并张榜公示;④县(市、区)人口计生行政部门审核、确认并公布;⑤地(市、州)、省(区、市)、国家人口计生行政部门备案。县级人口计生行政部门负责对奖励扶助对象进行年审。

(四)奖励扶助金发放标准及发放办法。在满足以上条件的前提下,成为奖励扶助对象的人群,每人年均获得扶助金的金额将不得低于 600 元,扶助金逐年发放,直至奖励扶助对象亡故。对于已经超过 60 周岁的受扶对象,奖励扶助金的发放起点是以该制度在受扶对象所在地开始执行时的实际年龄为依据。

奖励扶助资金实行专账核算和直接拨付的办法。各地区应该按照政策的统一要求,设立奖励扶助对象个人账户,由省、自治区、直辖市委托中国农业银行或者由其自行确定其他有符合规定的机构进行发放。奖励扶助金的计算将以年为单位,每年将分为两次发放到奖励对象的个人账户中。

(五)不同地区的财政负担比例与资金安排不同。由于我国不同地区的经济发展水平和财力状况相差较大,试点方案对于不同地区的财政负担比例与资金安排作了不同的规定。国家根据各地区财力情况确定负担比例，由中央或地方财政安排专项资金并分别纳入到当年财政预算之中。对于地方所负担的部分，其来源将以省级财政为主。西部试点地区奖励扶助金负担比例的基本标准是80%由中央财政负担，剩余的20%由地方财政负担；中部试点地区奖励扶助金负担比例的基本标准是中央财政和地方财政各自承担50%；经济发展水平较高，财政收入充足的东部试点地区，鼓励其自行安排专项资金作为相关奖励扶助金的预算。

第二节　奖励扶助制度实施现状

一、奖励扶助制度实施效果

人口计生委、财政部在颁发的《农村部分计划生育家庭奖励扶助制度试点方案》中规定，为了确保资金来源的足额到位，该奖励扶助制度是以国家公共财政为支撑，同时合理安排各级财政负担比例。农村部分计划生育家庭奖励扶助金，视各地财力情况，由中央或地方财政确定负担比例，安排专项资金并分别纳入当年财政预算。地方负担的资金，以省级财政为主。西部试点地区奖励扶助金负担比例的基本标准是80%由中央财政负担，剩余的20%由地方财政负担；中部试点地区奖励扶助金负担比例的基本标准是中央财政和地方财政各自承担50%；经济发展水平较高，财政收入充足的东部试点地区，鼓励其自行安排专项资金作为相关奖励扶助金的预算。

奖励扶助制度的目标人群虽然是响应计划生育号召的家庭，但其实际意义已远远超出了计划生育的这一特定的层面。这项制度不仅对计划生育具有积极的作用，也是实现三个代表重要思想的重大举措；该项制度不但有利于消除部分地区尤其是农村地区的贫困现象，也有利于全面小康社会的建设；除此之外，它还有利于稳定我国农业生产和扩大农村的消费需求，淡化群众重男轻女、养儿防老的错误观念，缓解男女出生性别比持续升高趋势；最后，在农村社会保障制度还不健全的今天，这一奖励扶助制度也是对农村社会保障制度的有益探索，能够积累一定的经验与教训。

农村部分计划生育家庭奖励扶助制度与其他的社会福利政策相比有与众不同的一面，这项制度目的在于激励农民自觉落实计划生育，实现对农村人口过快增长的有效抑制，其政策的导向性十分显著。

奖励扶助制度实施以来，缓解了部分落实计划生育困难家庭的疑难困苦，带动了大批农民自觉响应计划生育政策的号召，改变了计划生育工作固有的形象，使计划生育工作呈现出新的面貌。总结试点工作已经取得的经验，实施制度的积极效应有目共睹。在现有的试点地区，各级政府在充分落实制度规定的同时，还赋予其新的内涵，开启了人口计划生育工作的新篇章，对农民传统生育观念和行为的改变也初见成效。除此之外，该试点工作的开展也密切了党群、干群和各民族之间的联系，利于维护社会的稳定与安宁，对于切实解决党和国家一直关心的三农问题，促进农村社会保障制度的建立与完善，确保公共财政的安全、快捷运行等多方面都作出了有益的探索。

二、奖励扶助制度实施过程中存在的问题

奖励扶助制度自试点以来，已经取得了令人欣喜的成绩，但是我们也不能忽视制度实施过程存在的一些困难和问题，这些困难与问题主要表现在以下几个方面。

(一)奖励扶助对象的资格确认

1. 人户分离问题。在实地调查中发现，有一部分符合受奖励扶助条件的家庭或是由于外出打工，或是由于投亲靠友等系列原因，出现人户分离的问题，使得调查人员收集不到政策所需必要信息，最终导致这部分人群的漏登。比如，有的计划生育家庭，夫妻常年在外打工，或是去外地投奔子女或亲友，许多年也不曾回家一次，致使调查人员无法收集到他们的家庭信息，进而也就无法确认他们是否满足奖励扶助制度所规定的条件。此外，也有的是夫妻一方是外地户口，结婚之后又没有把外地户口迁入本地，同样致使相关信息的缺失，奖励扶助金的发放也就难以实现。伴随我国城镇化的快速推进，人户分离现象将越来越普遍，从而使得奖励扶助对象的确认工作更加困难。

2. 半个农户的问题。在调查中还发现，有一部分家庭是城乡结合户，夫妻中有一方是农村户口，而另一方则是城市户口，虽然他们多年来一直生活在农村，但由于其中一方是城市(没有承包责任田)户口，不符合奖励扶助对象本人及配偶均为农业户口或界定为农村居民户口的规定，同样得不到奖励。这部分计划生育家庭，如果单纯看子女数的话，完全符合奖励扶助条件，但是却与奖励扶助无缘。他们和那些能够享受奖励扶助的计划生育家庭相比，就是一方的户口不符合条件。在城市化和奖励扶助制度的推进过程中，半个农户的问题也会越来越突出。由半个农户问题，我们不禁会思考，随着我国城市化进程的不断推进，将有越来越多的农村人口转变为城市人口，其中一个直接的变化就是有一些符合奖励扶助条件的计划生育家庭会因此而失去奖励扶助的资格，这是否会导致一些农村人口不愿意变为城市

人口，进而影响我国的城市化进程，这是一个需要深入思考和研究的问题。

3. 抱养子女问题。这是计划生育家庭奖励扶助制度所面临的一个比较普遍和突出的问题，是否能够采取合理的措施应对，将直接关乎此项制度的实施效果。在现在奖励扶助制度试点过程中，对于抱养子女的家庭，即使只有一个孩子或者两个女孩，都不能享受奖励扶助，甚至与原有的计划生育条例规定相矛盾。例如，在吉林省过去的计划生育条例中规定，通过合法渠道抱养子女后不再生育且办理独生子女证的夫妻，享受独生子女父母待遇；但吉林省关于农村部分计划生育家庭奖励扶助界定标准中规定：收养子女的家庭，不能享受奖励扶助待遇。部分抱养户认为，同样的独生子女证作用竟然如此不同，既不合情也不合理。部分收养子女的家庭不但没有享受到奖励扶助所带来的好处，更为突出的问题是，这极有可能暴露了十几年甚至几十年其领养子女的家庭隐私，给这部分家庭的带来不稳定的因素，使父母与子女之间产生隔阂，甚至导致家庭不和睦。

4. 再婚家庭问题。按照国家计划生育奖励扶助政策规定，再婚夫妻再婚前后生育子女数要合并计算。农村一部分群众特别是老年人，再婚前双方均符合奖励扶助条件且子女早已成家，再婚后子女合并计算，双方均不符合条件，享受不到奖励，个别子女因此对老年人再婚产生意见，影响了老年再婚家庭的稳定。也就是说，对于那些符合奖励扶助条件的丧偶农村人来说，再婚有可能使他们失去获得奖励扶助的资格。这样，不仅他们自己少了一些经济来源，而且也可能招来子女的不满。因此，这部分农村人就有可能为了获得奖励扶助而放弃再婚。随着奖励扶助制度的进一步实施，是否会严重影响我国农村人口的再婚呢，这也是当前和今后一个非常突出的问题。

5. 双女户问题。根据国办发〔2004〕21号文件精神，农村只有一个子女或两个女孩的计划生育家庭，夫妇年满60周岁以后都可享受农村部分计划生育家庭奖励扶助金。各地在具体执行奖励扶助制度时，出现了不同的做法。部分省、市、自治区将双女户纳入到奖励扶助范畴之内，如甘肃省对年满60周岁的农村独生子女户和双女户均发放奖励扶助金，辽宁、湖南、内蒙古等省区也把双女户包含在奖励扶助之内；有些省份则没有把双女户纳入奖励扶助范围，如浙江省仅对农村中只有一个子女或子女死亡现无子女的计划生育家庭进行奖励扶助，四川、云南、天津等省市也没有将双女户纳入奖励扶助范围。把双女户纳入奖励扶助范围，和中央文件精神是一致的。部分地区未把双女户纳入奖励扶助范围，是在贯彻中央文件基础上，根据本地区具体情况所做出的调整，主要有以下原因：一些地区过去实行了严格的计划生育政策，不鼓励生育两个孩子，言外之意生育两个孩子就违反了计划生育政策；一些地区在实施与贯彻计划生育的过程中，针对不同民族、不同时期会做出一定的调整，这就使得一部分双女户属于政策性生育，另一部分则属于计划外生育，为了保证政策的连续性，减少由于政策不统一造成的落实困难，对所有双女户暂停发放奖励扶助金，以期把独生子女户的奖励扶助工作做好后，再来研究双女户的奖励扶助问题；还有一些地区由于经济发展水平相对落后，感觉奖励扶助资金压力大，相对于双女户，农村独生子女户更需要帮助，因此要把有限的资金给予最需要帮助的农民。这样，有些农村计划生育双女户因没有得到奖励扶助金而不满，那么是否应把双女户纳入奖励扶助范围，是一个需要思考的问题。

6. 年龄界定问题。制度规定，奖励扶助对象为 1933 年 1 月 1 日以后出生，在 2001 年 12 月 29 日《中华人民共和国人口与计划生育法》颁布前，没有违反本省计划生育法规、规章或政策性文件规定生育的夫妻。按照此规定，1933 年 1 月 1 日之前出生的农村计生家庭夫妇则无法享受该项制度的奖励。据国家财政部教科文司和国家人口计生委财务司于 2004 年 12 月 14 日至 18 日针对云南省农村部分计划生育家庭奖励扶助制度和"少生快富"扶贫工程试点情况的调研显示，在政策落实的过程中，因未满足出生时间而不能享受奖励的计生家庭对此项规定持有异议，特别是在一个家庭里，夫妻组成的一个家庭，响应计划生育政策，共同生育、抚养一个子女，却出现一方享受另一方不能享受的现象。应该说，任何政策都要有时间界限，在政策边缘总会有一部分人群难以享受到政策。当然，计划生育政策与其他政策相比，具有特殊性。如何做好进一步的研究，消除误解，增进理解，使这项政策获得基层群众最广泛的支持，就显得尤为重要。

据国家财政部教科文司和国家人口计生委财务司组成的联合调查组于 2004 年赴青海、甘肃两省对农村部分计划生育家庭奖励扶助制度试点工作情况的调研，两省均提出应对奖励扶助对象的年龄问题放宽限制。青海省认为，由于该地海拔高，环境恶劣，农牧区的人均寿命与全国平均水平有明显差距，希望将受奖对象的年龄范围降低。甘肃省提出将女性享受奖励扶助的起始年调整为 55 岁，主要是考虑到国家规定女干部 55 岁退休，女职工 50 岁退休，以更好地体现以人为本思想和公平原则。广东等部分省份，在试点工作实际的执行过程中就已经把奖励扶助对象的年龄调整为男年满 60 周岁、女年满 55 周岁。江苏省对只生育一个孩子且孩子已经死亡，同时又没有再次生育子女的对象，年龄放宽到年满 50 周岁。可见，目前不同地区对于奖励扶助对象的年龄范围规定，存在着认识上以及实施上的不同，如何更加合理地确定奖励扶助对象的年龄范围，需要听取不同的意见，进行更加深入的调研。

7. 隐瞒实情问题。在试点实际开展过程中，存在着申请人不如实申报即隐瞒实情的现象。随着奖励扶助制度的进一步实施，广大群众对奖励扶助对象的确认条件有了比较透彻的了解。申请人为满足奖励扶助的各项规定，有意隐瞒实际生育情况，给工作人员对奖励扶助对象的审核带来困难。以 2005 年重庆市奉节县对 2004 年受扶对象的年审为例，查出应当退出奖励扶助的有 65 人，其中属于审批错误应当退出的有 37 人，占退出人数的 56.9%；分析导致这 37 人审批错误的原因，均是源于申请人隐瞒自己真实的婚姻史和生育情况。奖励扶助对象大多居住分散，复核工作量大，少数干部缺乏工作责任心，对调查复核工作应当把握的重点认识不足，也是导致部分群众隐瞒实情的重要因素。随着奖励扶助制度的深入实施，这一问题将会更加突出。

8. 制度放宽问题。在试点执行中，许多地区在奖励扶助制度规定的基础之上，放宽了奖励扶助对象的范围，如对河北、重庆市农村计划生育家庭奖励扶助政策实施情况的调查，河北省石家庄市规定，独生子女意外死亡且现无子女的父母年满 55 周岁即可领取奖励扶助金。江苏省规定，无论是实行计划生育之前，或是实施计划生育以后，事实上只生育一个孩子的家庭均可视为计划生育家庭，奖励扶助的具体对象也包括未生育依法收养一个孩子不再生育的夫妻，只生育一个孩子且孩子死亡后不再生育或收养的，现身边无子女的夫妻，年满 50 周岁即可申请领取规定的奖励金。这些地区都在中央关于奖励扶助对象规定的基础上，扩大了范围，其中，除了放宽年龄限制外，还将一部分未曾生育子女的夫妻也纳入奖励扶助中来。虽然只对奖励扶助制度放宽了一点，但是随着该制度的进一步实施，其所涉及的目标人群将越来越多。也就是说，制度的放宽将会导致奖励扶助对象增加的数量更快，规模更大。

还有一些基层干部特别是村干部把实施奖励扶助制度当成解决农村贫困户生活来源的好途径、减轻村民"五保户"养老负担的好办法、村干部换届争选票的好机会，在调查摸底中放宽政策、扩大奖励面的现象比较普遍。这主要是因为个别基层干部工作责任心不强，对奖励扶助制度的严肃性认识不足，认为多争取一个奖励扶助对象是为老百姓做好事，不坚持原则，影响了奖励扶助对象确认的准确性。

此外，对于严把入口关，试点中各地做得普遍比较好。然而，由于试点时间短，目前尚未建立规范的退出机制。考虑到我国农村人口的预期寿命以及户籍制度改革、城市化进程和移民移居等因素，人群退出问题将很快出现。由于奖励扶助对象个案情况不断变化，部分奖励扶助对象要退出奖励扶助范围，具体包括以下几种情况：现存子女数增加（包括收养、过继、婚姻变动等导致子女数增加）、农业户口转为城镇户口、迁出、死亡、审批错误。

在试点过程中，各地还没有对这个问题给予足够重视，没有在机制和程序处理上深入研究。如果不尽早建立退出机制，把好出口关，势必造成届时奖励扶助对象已死亡，其家属或其他相关人隐瞒不报，仍然冒领的状况。而如果该退出的人群没有及时在奖励扶助名单上删除，继续领取奖励扶助金，就会引起群众矛盾，滋生腐败，从而影响奖励扶助制度的健康发展。随着奖励扶助制度实施范围的全面展开，这个问题将会越来越突出。

（二）奖励扶助标准的界定和资金分配

1. 奖励扶助标准的界定。根据中国政府发布的［2004］36号文件精神，满足计划生育奖励扶助制度规定的对象，按人均每年不低于600元的标准发放奖励扶助金，直至亡故。在奖励扶助制度试点过程中，大部分地区都按照人年均600元的标准发放奖励扶助金，而有一些地区，如广东省、重庆市等省份，发放的奖励扶助金则高于人年均600元的标准。《广东省农村部分计划生育家庭奖励办法》对奖励扶助金的标准做出明确的规定：每人每月80元，在地方财力许可的情况下，各地可在此基础上，根据自身的实际情况适当提高奖励金标准；广东省的珠海、中山、阳东等部分市县，将奖励标准提高到夫妻俩每人每月100元。安徽省对独生子女或独生子女死亡导致现在无子女的家庭，每人每月另加10元的奖励，即每人每年720元。重庆市对符合奖励扶助条件的对象，按年人均不低于600元的标准发放奖励扶助金，直到亡故为止；其中只生育一个独生女或独生子女死亡现无子女的（不包括曾经生育两个子女，因子女死亡，现存一个独生女或无子女的），在年人均不低于600元标准的基础上，另按年人均不低于240元的标准增发奖励扶助金，直到亡故为止。

可见，各地都按照奖励扶助制度规定的人年均不低于600元的标准发放奖励扶助金，但各地根据自身实际状况，会适当做出部分调整，更好地贯彻中央精神，帮助计划生育家庭。标准高于人年均600元，主要有三种情况：一是实施统一标准，所有奖励扶助对象享受的奖励扶助均高于600元且金额相同；二是给予少数特困家庭更大的帮助，而对大部分普通奖励扶助对象仍按国家规定的人均每年600元；三是大部分奖励扶助对象享受的奖励扶助标准都高于人年均600元，另一些更为困难的对象，如独生女死亡现无子女的家庭，与大部分对象相比，享受更高标准的奖励扶助金。一些地区为了给予那些特困家庭更大的帮助，奖励扶助标准高于人年均600元，更能体现党或国家对人民群众的深切关怀，同时也更有利于缓解这部分家庭生活中的困难，提高生活质量。当然，对于那些经济发展水平相对落后的地区，这将增加地方财政的压力。如果奖励扶助制度的进一步放宽，将会有更多的家庭成为奖励扶助对象，财政也会面临更大的压力。

2. 奖励扶助金的分配。根据奖励扶助制度的规定，奖励扶助金是由中央和地方按一定比例分别承担。如此，那些计划生育政策贯彻好、人口基数大的地区，会有更多满足特别扶助制度规定的家庭，因而地方政府所需的扶助金数额就越大；相反，那些计划生育政策执行力度不够的省份，符合条件的家庭则更少，地方政府所承担资金压力反而小。这就导致了一个较为突出的问题，县级配套资金的投入存在困难。从试点工作实施的具体情况看，在中、东部地区，特别是计划生育工作基础较好的地区，而县级财政状况不好，担心随着奖励扶助对象逐年增加，县级资金配套的压力越来越大，会使奖励扶助制度半途而废；在西部地区，奖励扶助资金由国家、省、县三级财政按比例承担，其中国家承担大部分，县级承担极少的比例。由于地方财政困难，特别是国家级贫困县，如重庆市奉节县，仍无法保证每年的奖励扶助配套资金落实到位。此外，奖励扶助制度的实施也给县人口计生委和各乡镇政府增加了较大的工作负担，但缺乏必要的工作经费做保障。

（三）奖励扶助制度与其他政策之间的配套与协调

1. 奖励扶助制度与计划生育其他奖励优惠政策。奖励扶助制度是计划生育利益导向机制的重要组成部分，但不是全部。不应该用奖励扶助制度取代已有的奖励优惠政策，更不能因为实施奖励扶助制度而减少其他法定性、政策性、服务性支出。目前，直接涉及农户和农民个人的政策，除奖励扶助制度外，还有独生子女父母奖励金、利益导向政策、粮食直补、中小学贫困生"两免一补"、农村合作医疗、农村医疗救助、农村五保户等政策。这些政策均直接或间接地受益于农民，其中有些与奖励扶助制度有交叉，但不能说是重复或有矛盾。问题在于这些政策的切入点和主管部门不同，各项政策之间尚未形成合力。

2. 奖励扶助制度与农村社会保障政策。目前，我国农民养老问题以家庭养老为主。在尚不具备普遍建立农村社会养老保险和低保制度的条件下，实行奖励扶助制度，以农村独生子女和双女家庭为突破口，先特殊后一般，由少量到众多，探索出了一条在农村建立社会保障制度的途径，改变了除农村五保户具有供养制度而其余广大农民被排斥在社会养老保障之外的历史，意义重大。从长远来看，普遍建立农村社会保障制度是解决农村计划生育家庭养老问题的根本出路和最终目标。因此，如何立足当前，兼顾长远，更好地把奖励扶助制度与对农村困难家庭子女义务教育阶段的"两免一补"政策、"少生快富"、扶贫工程等政策紧密结合起来，从而逐步摸索总结出适合农村实际和我国国情的农村社会保障政策体系，是当前特别需要抓紧研究的重要问题。

第三节　奖励扶助制度绩效评估

一、概述

2000 年《中共中央国务院关于加强人口与计划生育工作稳定低生育的决定》中明确提出："要建立和完善计划生育利益导向机制"。随后，2004 年开始实施农村部分计划生育家庭奖励扶助制度和西部地区"少生快富"扶贫工程，使计划生育利益导向机制建设取得突破性进展，标志着该机制已进入制度化阶段①。

随着人口计生工作进入新阶段，对计划生育利益导向政策进行评估对今后的计生工作具有重要的指导意义。利益导向政策的评估包含政策本身的合理性、可行性评估，对利益导向政策执行过程的评估，以及利益导向政策执行效果的评估三个大的方面②。奖励扶助制度作为计划生育利益导向机制的一部分，该政策本身的合理性和可行性前文已阐明，本节将重点对其政策执行效果进行评估。

综合农村部分计划生育家庭奖励扶助制度试点工作评估调研课题组的评估调研结果可知，尽管奖励扶助制度已取得显著成效，但在政策实施的过程中，存在奖励扶助对象资格确认、奖励扶助标准界定和金额分配、与其他政策之间的配套和协调等问题，且不同省份、不同地区的问题各异。因此，本节将重点对不同省份、不同地区的奖励扶助政策惠及度、奖励扶助制度实施绩效水平，进行评估和比较分析，以了解奖励扶助政策惠及度及其绩效水平的省份和地区之间的差异。

二、奖励扶助政策实施惠及度分析

奖励扶助制度政策实施力度包括政策惠及度和政策惠及面两个方面，政策惠及度是指政策惠及者所获得的支持大小，反映的是政策实施的深度。因此采用省级层面上的奖扶金额评估政策惠及度，政策惠及面则用省级层面上奖扶金奖励人数进行测量。由于各省的人口数量不同，且各省的人口再生产能力短期内变动不大，这决定了各省的奖扶金奖励人数差距不会缩小，因此在此重点分析奖扶政策惠及度。

---

① 于学军. 我国人口和计划生育利益导向机制的理论与实践[J]. 人口与计划生育，2006（02）.

② 谭江蓉、杨云彦. 人口和计划生育利益导向政策研究：回顾与前瞻[J]. 人口与发展，2012（03）.

自 2004 年开始实行农村部分地区计划生育家庭奖励扶助制度试点方案，到 2005 年扩大试点范围，全国累计有 135 万名实行计划生育、只有一个子女或两个女孩、年满 60 周岁的老人享有了年人均不低于 600 元的奖励扶助金。2006 年开始全面推进农村部分地区计划生育家庭奖励扶助制度，奖励扶助金额的发放标准由最初的每人每年不低于 600 元，至 2009 年提高至每人每年不低于 720 元，2012 年上调至每人每年不低于 960 元，说明国家正逐渐提高奖励扶助金额，扩大奖励扶助政策惠及度。基于国家对奖扶政策惠及力度的加强，本小节将对比分析不同省份、地区间的奖励扶助政策惠及度。

(一) 奖励扶助政策惠及度分省分析

分省份分析农村部分计生家庭奖励扶助政策惠及度，对了解不同省份奖扶政策实施惠及度差异，从宏观上把握各省的奖扶政策惠及度力度，对今后改善各省份的奖扶政策实施惠及度具有重要意义。各年份各省农村部分计生家庭奖励扶助金额，见表 4-1。

表 4-1　　　　　　　各省份农村部分计生家庭奖励扶助金额①　　　　单位：万元

省份	2010	2011	2012	2013	平均增长率
辽宁	10145	13354	25042	32828	0.479
山东	25777	34292	57967	72358	0.411
河北	14800	18600	30900	38100	0.371
海南	803.25	843.93	1219.68	1274.52	0.166
黑龙江	3658	4205	6634	7823	0.288
湖北	10444	12549	20366.5	24400	0.327
吉林	3686.83	4808.19	8347.2	10982.88	0.439
河南	12302	14451	21243	25389	0.273
内蒙古	1484	1798	2853	3462	0.326

从表 4-1 可以看出，各省份奖励扶助金额逐年增加，但通过对比分析各省的奖励扶助金额年平均增长率可知，不同省份之间的奖扶政策惠及度存在较大差异，以

---

① 注：鉴于数据的可获得性，其中只有辽宁、山东、黑龙江、湖北、吉林、河北、河南、内蒙古、海南相关数据，数据来源于各省卫生与计划生育委。

下将从两个方面进行具体分析。

首先从各年份各省的奖励扶助金额来看，排在前两位的是山东、河北，排在后两位的是内蒙古自治区和海南省。从2010—2013年山东省农村部分计生家庭奖励扶助金额变化来看，该省农村部分计生家庭奖励扶助金额逐年上涨，奖扶金额由2010年的25777万元增加至2013年72358万元，3年内奖励扶助金额增长近3倍；从2010年至2013年，河北省的奖励扶助金额从14800万元增至44900万元，平均每年增长6020万元，3年内奖励扶助金额增长近2.5倍，金额增长量接近山东省。内蒙古自治区和海南省作为九省中经济发展水平较低、人口数量较少的省区，享受奖励扶助待遇的人数相对较少、奖励扶助金额也偏低，其中内蒙古自治区的奖扶金额，从2010年的1484万元增至2013年的3462万元，而海南省作为各年奖励扶助金额最低的省份，2013年奖扶金额仅1274.52万元，与2010年相比仅增长了471.27万元。

从2010—2013年间各省的奖励扶助金年平均增长率来看，排在前三位的分别是辽宁、吉林和山东，排在后三位的分别是海南、河南和黑龙江三省。辽宁省的奖励扶助金额年平均增长率最高，约48%；吉林省年平均增长率约44%；山东省为41%。海南省奖励扶助金额年平均增长率最低，为16.6%；河南省年增长率为27.3%；黑龙江省约为29%。2010年至2013年，辽宁省的奖励扶助金额3年内增长超过3倍，吉林和山东省的奖励扶助金额也增长了近3倍，其中辽宁省的奖励扶助金额年平均增长率比各年奖励扶助金额最高的山东省高约7%，该省的奖扶金额上涨幅度之快，说明辽宁省计生部门对农村部分计生家庭奖励扶助金额投入力度逐渐加大，该省奖励扶助政策惠及度逐渐扩大。而海南省的奖扶金额增长较慢，2013年奖扶金额与2010年相比，奖扶金额数量仅增加了1.6倍，河南和黑龙江两省2013年的奖扶金额仅比2010年多2倍。

从总体上看，尽管各省对农村部分计生家庭的奖励扶助政策惠及度在不断加大，但是由于各省份的经济发展水平、人口数量、政策执行力度等存在差异，因此奖扶政策惠及度也相差较大。

(二)奖励扶助政策惠及度分地区分析

鉴于各省份之间经济发展水平差距较大，奖励扶助金额基准不同，在此将通过对比分析地区之间的平均奖扶金额，以了解地区之间奖扶政策实施惠及度的差距。各年份各地区的平均奖扶金额，见图4-1。

由图4-1可以看出，东部、中部和西部地区各年的平均奖扶金额均呈逐年上升趋势，增长幅度不一，其中东部地区增长幅度最大，中部其次，西部增幅最小。东

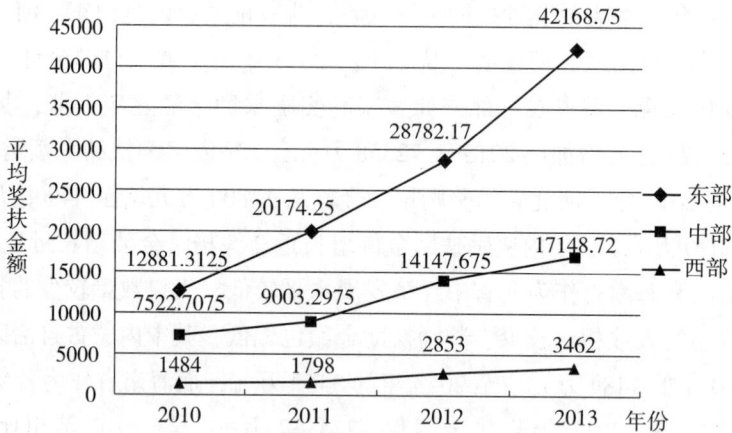

图 4-1　各地区年平均奖扶金额时间序列图

部地区各年的平均奖扶金额高于中部，且远高于西部地区，2010 年至 2012 年，东部地区年平均奖扶金额比中部地区高 1 倍左右，2013 年平均奖扶金额大幅上涨，比中部地区多出 3 倍，与中部地区的平均奖扶金额差距加大。中部地区各年平均奖扶金额稳定上涨，各年平均奖扶金额比西部地区平均奖扶金额多近 5 倍，而西部地区各年平均奖扶金额小幅上涨，上升趋势不明显。从总体上看，上述情况与各地区的经济发展水平、奖励扶助金额存在较大关系。东部地区经济发展水平最高，奖励扶助政策执行效果更好，尽管其奖励扶助人数最多，但该地区的奖励扶助金额也最多，因此年平均奖扶金额远高于其他地区；而经济发展水平较低的中部和西部地区，特别是西部地区，奖励扶助人数偏少，奖励扶助金额偏低，年平均奖扶金额也较低。

结合各省份农村部分计生家庭奖励扶助金额汇总表（见表 4-1）可知，2010 年和 2012 年东部地区的辽宁和海南两省未达到该地区平均奖扶金额，2011 年和 2013 年仅山东省奖扶金额超过平均奖扶金额，说明山东省各年的奖励扶助金额最高，提升了该地区的平均奖扶金额，其他三省的奖励扶助金额与山东省差距较大，东部地区达到平均奖扶金额标准的情况不容乐观；2010—2013 年中部地区仅湖北与河南两省超过该地区的平均奖扶金额，说明中部地区达到平均奖扶金额标准的情况较好；西部地区仅以内蒙古自治区为代表，在此不作比较。综上所述，从各年的平均奖扶金额来看，东部地区除山东省外，其他省份的奖励扶助金额与平均奖扶金额差距较大；而中部地区除湖北和河南省外，其他省份的奖励扶助金额均未达到该地区的平均奖扶金水平，说明地区之间经济发展不平衡和省份之间经济发展水平的差距，对各省份的奖扶政策惠及度影响较大。

三、奖励扶助政策实施绩效评估

根据前文奖励扶助政策惠及度的分省分地区分析，大致了解各省、各地区之间的政策惠及度及其差距。下面将利用利益导向政策绩效评估指标体系，重点分析各省各地区的奖励扶助政策实施绩效。

（一）奖励扶助政策实施绩效评估分省分析

奖励扶助政策实施绩效评估指标包括奖励扶助政策实施力度、人口均衡水平和家庭发展能力三个二级指标，综合各二级指标得分得到奖扶政策实施绩效水平。各省份的奖励扶助政策实施绩效水平见表4-2。

表4-2　　　　　　　　　　　　各省奖扶政策实施绩效水平

省份	2010 年	2011 年	2012 年	2013 年
辽宁	0.882	0.888	0.924	0.902
山东	0.515	0.556	0.581	0.651
河北	−0.374	−0.454	−0.564	−0.493
海南	−0.900	−0.804	−0.796	−0.786
黑龙江	0.199	0.146	0.022	0.040
湖北	−0.006	−0.004	0.048	−0.048
吉林	0.301	0.281	0.283	0.326
河南	−0.724	−0.783	−0.666	−0.745
内蒙古	0.105	0.174	0.170	0.153

从表4-2各省份的奖扶政策实施绩效水平可知，辽宁省各年的奖扶政策实施绩效水平最高，约为0.9，山东省次之且呈逐年提高趋势。结合各省有关数据可知，2010年辽宁省农村部分计划生育家庭奖励扶助人数为14.1万人，2011年为18.5万人，增长了4.4万人，2012年和2013年奖励扶助人数持续上涨，其中2012年增长数量较大，在2011年的基础上增加了7.5万人，且该省的奖励扶助金额由2010年发放10145万元，增长至2013年的32828万元，说明辽宁省的奖励扶助政策实

施力度较好，且该省的人口均衡水平和家庭发展能力均逐年提高，因此该省各年的奖励扶助制度绩效水平稳定在较高水平。2010年至2013年，山东省享受奖励扶助的人数，年均增加28.1%，到2013年奖励扶助人数达到了75.4万人，占全国享受奖励扶助人数的14%。奖励扶助金额也由2010年的25777万元增长至2013年的72358万元，奖扶金标准也从试点时期的人年均360元，逐步提高到960元，另外，该省的人口均衡水平和家庭发展能力也在逐年提高，因此该省的绩效水平逐年增加。

其次，河北、河南、海南三省各年的奖励扶助政策绩效水平均为负数，其中河北省以2013年为由降转升的转折点；河南省的绩效水平波动较大，2011年略微下降，2012年有所上升，2013年再次降低；海南省的绩效水平呈稳定上升趋势，但该省各年的绩效水平均保持在最低水平。从2010年至2013年，河北省的奖励扶助金额从2010年的14800万元增至2013年的38100万元，平均每年增加5825万元，奖扶金奖励人数也由20.5万人增长至近40万人，该省的奖扶政策实施力度逐年增加，但人口均衡水平和家庭发展能力在2013年之前呈降低趋势，2013年开始有所回升，因此河北省的奖励扶助制度绩效水平在2013年由降转升。河南省的政策实施力度逐年增强，2010年该省的奖励扶助人数为14.6万人，2013年为26.5万人，增加了11.9万人，而奖励扶助金额由12302万人增长至25389万人，仅增加了13087万元，该省的奖励扶助人数和奖扶金额与河北省相差甚远，且人口均衡水平和家庭发展能力在2011年降幅较大，2012年虽有所回升，但于2013年再次下降，因此该省的奖励扶助制度绩效水平波动较大，有升有降。海南省的人口数量少，奖扶金奖励对象较少，奖励扶助金额最低，但该省的奖励扶助政策实施力度、人口均衡水平和家庭发展能力逐年提高，因此该省的奖励扶助政策绩效水平呈直线上升。

最后，从其余各省的绩效水平来看，黑龙江、吉林、内蒙古自治区的绩效水平为正，而湖北省的绩效水平有负有正，在平均绩效水平上下波动。黑龙江和吉林两省的绩效水平变动趋势基本一致，分别以2012年和2011年为由降转升的转折点。黑龙江省的政策实施力度逐年减弱，2011年该省的人口均衡水平和家庭发展能力有所提高，但于2012年开始降低，这年该省绩效水平下降明显，2013年人口均衡水平有所回升，家庭发展能力有所减弱，因此该年绩效水平略微回升。吉林省的政策实施力度逐年增强，2011年该省的人口均衡水平和家庭发展能力开始降低，人口均衡水平虽在2012年略有提升，但家庭发展能力大不如前，而2013年两项指标的变动情况完全相反，人口均衡水平降低，而家庭发展能力再次回升，所以绩效水平上升。内蒙古自治区和湖北省的奖励扶助绩效水平变动趋势较一致，前者以

2011 年为转折点，绩效水平由升转降；后者以 2012 年为由升转降的转折点，从各项指标变化情况来看，内蒙古自治区的各项指标 2011 年增幅较大，2012 年该自治区的政策实施力度和人口均衡水平均有所下降，2013 年各项指标均有所降低；湖北省的政策实施力度逐年减弱，人口均衡水平逐年下降，家庭发展能力于 2011 年大幅提升，2012 年持续增强，2013 年大幅降低。

综上所述，奖励扶助政策绩效水平排在前三位的依次是：辽宁省、山东省和吉林省，排在后三位的分别是海南省、河南省和河北省，以上省份中仅山东、海南两省各年的绩效水平呈稳定上升趋势，其他各省的绩效水平均有所波动，其中湖北省各年的绩效水平波动幅度最大。

（二）奖励扶助制度实施绩效评估分地区分析

继分省份对奖励扶助制度绩效水平进行分析比较后，本小节将进一步分地区对绩效水平进行比较，并将各地区的奖扶政策实施绩效水平与全国各年份的平均绩效水平进行比较，以了解地区之间及其与全国奖扶政策实施绩效平均水平的差距。各地区和全国奖励扶助制度绩效水平见表 4-3。

表 4-3　　　　　　　　　各地区和全国奖励扶助政策绩效水平

地区	2010 年	2011 年	2012 年	2013 年
东部	0. 123	0. 186	0. 144	0. 274
中部	−0. 229	−0. 360	−0. 314	−0. 428
西部	0. 104	0. 174	0. 170	0. 153
全国	−0. 402	−0. 152	0. 305	0. 253

从表 4-3 可以看出，东部地区的奖励扶助政策绩效水平总体呈上升趋势，中部和西部地区的绩效水平有升有降，各地区绩效水平与全国平均绩效水平相差不一。中部地区的绩效水平在 2011 年开始下降，2012 年有所回升，2013 年再次下降；西部地区的绩效水平以 2011 年为由升转降的转折点。而从 2010 年至 2013 年，全国各年份奖励扶助政策绩效平均水平以 2012 年为转折点，该绩效水平由升转降，且与各年份各地区的奖励扶助政策绩效水平相比，2010 年各地区的奖励扶助政策绩效均在全国平均绩效水平以上，2011 年仅中部地区未达到平均绩效水平，2012 年三个地区均未达到该水平，2013 年仅东部地区超过全国平均绩效水平。

结合以上分省份绩效水平分析可知，尽管东部地区的河北和海南两省的奖扶政策实施绩效水平为负，但辽宁、山东两省的绩效水平居一、二位，远高于其他省份的绩效水平，且均呈逐年上升趋势，因此该地区的绩效水平仍为正；而中部地区中，吉林、黑龙江两省的绩效水平处于中等水平，但湖北和河南两省的绩效水平均为负数，其中河南省的绩效水平最低，因此该地区的整体绩效水平低，再者，从2010年至2013年以上省份绩效水平的变化来看，2011年仅湖北省的绩效水平有所上升，其他各省的绩效水平均在下降，2012年除黑龙江省外，其他各省的绩效水平有所回升，2013年吉林和黑龙江两省绩效水平上升，而湖北和河南两省的绩效水平下降，因此中部地区的绩效水平有升有降；西部地区仅以内蒙古自治区为代表，该自治区的绩效水平均为正，绩效水平从2011年开始逐年降低。从各地区与全国平均绩效水平来看，各地区的绩效水平大致以2012年为由升转降的转折点，全国平均绩效水平变动与之一致。2010年和2011年中部地区绩效水平均为负，且持续下降，东部和西部地区绩效水平呈上升趋势，但由于2010年各地区的奖励扶助政策实施力度和家庭发展能力水平指标平均得分最低，2011年各项指标得分均有所上升，因此这两年的全国平均绩效水平也处于上升趋势；2012年东部和西部地区绩效水平略微下降，但中部地区绩效水平上升较多，且各项指标的平均得分得到较大提升，因此该年全国平均绩效水平继续上升；2013年仅东部地区绩效水平有所上升，中部和西部地区绩效水平继续下降，且人口均衡水平指标得分略有下降，因此拉低了全国平均绩效水平。

由于东、中、西部地区之间经济发展水平差距较大，地区之间的人口分布不平均，东部地区经济发展水平较高、人口密集，因此该地区的奖励扶助人数占多数，且政府财力充足，奖励扶助政策惠及度较好，人口均衡水平较高，家庭发展能力较强；中部地区经济发展水平居中、人口数量较多，奖励扶助人数居多，由于省份之间的经济发展程度不同，政策实施力度、人口均衡水平和家庭发展能力各项指标得分情况不一，因此湖北、河南两省的奖励扶助制度绩效水平低于平均绩效水平，拉低了该地区的绩效水平；西部地区经济发展水平低、地广人稀，享受奖励扶助待遇的人数少，奖扶金额主要靠中央财政负担，该地区的奖励扶助人数和奖扶金额与东部、中部试点省份的差距较大，因此该地区的绩效水平略超过平均绩效水平，且有所波动。

四、奖励扶助金额的经济效用

从经济学角度来看，一项制度是否有效，关键在于能否增加制度目标主体的利益和效用水平，各年奖励扶助金额占人均净收入的比重能反映奖励扶助金额的效用①。据此可知，该比重不仅能反映奖励扶助金额的经济效用，也能反映其对家庭收入的贡献率，即奖励扶助金额占人均净收入的比重越大，说明奖励扶助资金能有效缓解农村部分计生家庭的预算约束，解决他们的一部分经济困难，提高奖励扶助金额的经济效用；反之，奖励扶助金额占人均净收入的比重越小，其经济效用越低。下面将分省、分地区对奖励扶助金额的经济效用进行比较。

（一）奖励扶助金额经济效用分省比较

根据各年份各省的奖励扶助金额和奖扶金奖励人数，在此用各年人均奖励扶助金额占人均净收入的比重，反映各省的奖励扶助金额对农村部分计生家庭的贡献率和其经济效用。各省份人均奖励扶助金额占人均净收入的比重，见表4-4。

表4-4　　　　　　　　各省份人均奖励扶助金额占人均净收入比重（%）

省份	2010 年	2011 年	2012 年	2013 年
辽宁	4.1	3.5	4.1	3.8
山东	3.6	3.2	3.7	3.4
河北	4.4	3.9	4.7	4.3
海南	5.8	4.9	5.7	5.2
黑龙江	5.2	4.6	5.4	4.9
湖北	4.5	3.9	4.6	4.2
吉林	4.7	4.0	4.8	4.3
河南	5.3	4.6	4.7	4.3
内蒙古	4.1	3.6	4.2	3.7

从表4-4可知，各省的人均奖励扶助金额占人均净收入的比重均在2011年下降，2012年回升，2014年再次下降，整体波动较大。海南省各年的人均奖励扶助金额占人均净收入的比重最高，原因在于该省的奖励扶助人数偏少，人均净收入处于中等水平，因此该省的人均奖励扶助金额较高，奖励扶助金额对计生家庭的贡献率最高、经济效用也最高。排在第二位的是黑龙江省，该省各年的人均奖励扶助金

① 程广帅，易成栋. 奖励扶助制度的经济分析与经验检验[J]. 中南财经政法大学学报，2008(01).

额均达到国家规定的最低标准，2012 年人均奖励扶助金额达到 960 元，且人均净收入逐年增加，因此该省奖励扶助金额对家庭收入的贡献率较高、经济效用也较高。山东省、内蒙古自治区的奖励扶助金额占人均净收入比重分别排在倒数第一位、第二位，其中山东省的奖励扶助金总额最高，但该省的奖扶金奖励人数最多，尽管该省的人均奖励扶助金额在 2012 年提升至 960 元，但由于该省的人均净收入逐年增长，因此该省的奖励扶助金额经济效用低。内蒙古自治区的奖励扶助人数较海南省多，人均奖励扶助金额较海南省低，但其人均净收入较海南省高且逐年提高，因此该省的奖励扶助金额经济效用较低。

（二）奖励扶助金额经济效用分地区比较

分省进行奖励扶助金额经济效用比较分析后，下面将分地区分析各年人均奖励扶助金额占人均净收入的比重，并比较其与全国人均净收入的比重，结果见表4-5。

表 4-5　　　　　　　　各地区人均奖扶资金占人均净收入比重(%)

地区	2010 年	2011 年	2012 年	2013 年
东部	17.9	15.5	18.3	16.6
中部	19.6	17.2	19.5	17.7
西部	4.1	3.6	4.2	3.7
全国	11.9	10.4	12.1	11.0

从表 4-5 可知，各年份各地区的人均奖励扶助金额占人均净收入的比重变化趋势基本一致，均在 2011 年开始下降，2012 年回升较大，2013 年再次降低。中部地区人均奖励扶助金额占人均净收入的比重最高，东部其次，西部最低。东、中、西部地区人均奖励扶助金额占其人均净收入的比重，与全国人均奖励扶助金额占其人均净收入的比重相比，东部和中部地区各年的人均奖励扶助金额占人均净收入的比重均高于全国比重，而西部地区各年的比重均在全国比重以下。说明尽管中部地区奖励扶助人数较多，奖励扶助金额较东部地区低，但其各年份的人均奖励扶助金额与东部地区相近，均达到国家规定的最低标准，但其人均净收入较东部地区低，因此中部地区奖励扶助金额对农村部分计生家庭收入的贡献率较大，该地区奖励扶助金额的经济效用较高；东部地区奖励扶助金额、奖扶金奖励人数、人均净收入均最高，但其人均奖励扶助金额与其他地区之间的差距较小，且随该地区年人均净收入

的提高，该地区奖励扶助金额的经济效用也在下降。西部地区的内蒙古自治区，奖励扶助人数较少，奖励扶助金额较低，人均净收入处于中等水平，因此该自治区的奖励扶助金额对家庭收入的贡献率低、经济效用也最低。

综上所述，各省份的人均奖励扶助金额均达到国家规定的最低水平，但由于人均净收入的差距，不同省份和地区之间的奖励扶助金额对家庭收入的贡献率不一、经济效用也不同。

综合前文分省分地区对奖励扶助金额、平均奖励扶助金额、奖励扶助制度绩效水平和奖励扶助金额经济效用的分析可知，东部地区除奖励扶助金额的经济效用排在第二位外，其他指标均在最高水平；中部除奖励扶助政策绩效水平在最低水平外，其他指标均处于中等水平及以上；西部地区除奖励扶助政策绩效水平处于中等水平外，其他各项指标均处于最低水平。

第五章　西部地区"少生快富"工程绩效评估

第一节　"少生快富"工程基本情况

一、"少生快富"工程缘起

"少生快富"是我国人口计生政策领域中的一个十分常见的概念，但是在不同的使用位置却具有着不同的政策内涵。随着我国人口运行情况的变化，我国人口计生政策也在发展演进，"少生快富"一词的内涵发生了改变。本书所说的"少生快富"，则特指在我国西部地区实施的"少生快富"工程。这一工程从 21 世纪初期开始实施，已经运行了十余年。

从 2000 年开始，宁夏西海固地区开展了旨在用奖励"少生"代替惩罚"多生"的"少生快富"试点工作，取得了显著的成果，为这一措施在全国范围内的推广积累了宝贵经验。经国务院批准，2004 年 3 月，国家人口计生委、财政部和国务院扶贫办联合下发了《关于在西部地区开展"少生快富"工程试点工作的意见》，将试点范围在宁夏适当扩大，2004 年试点范围扩大到云南、青海，从 2006 年开始，这一措施覆盖所有允许生育三孩的地区，包括内蒙古、海南、四川、云南、甘肃、青海、宁夏、新疆等省、市与自治区。这一举措在西部地区得到广泛的关注与赞扬。2006 年，国家计生委出台了《国家人口计生委、财政部关于印发西部地区计划生育"少生快富"工程实施方案的通知》（国人口发〔2006〕117 号）、《国家人口计生委关于明确少生快富工程实施范围及目标人群基本条件的通知》（2006.11 国家计生委法规司）。2008 年，出台了《国家人口计生委、财政部关于实施"三项制度"①工作的通知》（国人口发〔2008〕83 号）。2009 年，《西部地区计划生育少生快富工程信息管

---

① 三项制度是指：全国农村计划生育家庭奖励扶助制度、"少生快富"工程、计划生育家庭特别扶助制度。

68

理规范》(2009 年 22 号文件,计生委办公厅)。

二、"少生快富"工程具体内容

(一)实施范围和目标人群

1. 实施范围。按照政策法规的规定,现行普遍允许生育三个孩子的地区。

2. 目标人群。按照政策法规的规定,可以生育三个孩子而自愿少生一个孩子,并按各省(区)的有关规定采取了长效节育措施的夫妇。

(二)资格确认程序

1. 符合条件的夫妇提出申请。

2. 村民委员会审议,乡(镇)人民政府、街道办事处初审,并分别公示;县(市、区)人口计生委(局)审核、同意。

3. 县(市、区)人口计生委(局)组织提供计划生育技术服务。

4. 县(市、区)人口计生委(局)每年分两次确认本年度目标人群,并分别公布。

5. 地(市、州)、省(区)、国家人口计生行政部门备案。

(三)奖励金标准及发放办法

对自愿申请参加、满足条件的家庭,每对夫妇可以获得不少于 3000 元的一次性奖励。

实行奖励资金发放"直通车"。由省(区)"少生快富"工程领导小组委托符合一定条件的金融机构,代理发放"少生快富"工程奖励资金,直接发给受奖励对象。同时,代理机构还应制定具体操作规程以及发放办法,按照与政府相关部门签订的代理服务协议要求,依据人口计生部门提供的受奖励对象名单建立个人储蓄账户,及时将财政部门拨付的奖励资金足额划转到个人储蓄账户,并按要求将建立个人储蓄账户和奖励资金发放情况,反馈给地方财政和人口计生部门。

(四)资金安排及财政负担比例

计生家庭奖励资金由中央财政和地方财政年度预算予以安排,中央财政承担80%,地方财政承担剩余的 20%。地方财政负担的资金,以省级财政为主。

第二节 "少生快富"工程实施现状

一、"少生快富"工程投入及受益人群

从 2000 年到 2004 年,该工程主要面向宁夏回族自治区。到 2004 年以后加入了云南省和青海省。到了 2006 年才在西部八省区全面展开。所以国家对"少生快富"工程的投入和受益人群状况要分段说明：

到 2005 年底，宁夏共有 18999 对育龄夫妇参加了"少生快富"扶贫工程，获得奖励资金达 5768.7 万元。①

截至 2006 年上半年，青海有 20026 户农牧民家庭自愿成为独生子女家庭，2771 户少数民族牧民家庭主动放弃生育第三胎，政策范围内少生 22797 人，政府累计投入奖励资金 5828.8 万元；云南有 41.4 万户农业人口家庭成为独生子女家庭，并有 28.5 万对夫妻领到了一次性奖励资金。②

2006 年以后，国家在西部地区全面实施"少生快富"工程，国家计生委有翔实的数据可供我们参阅。

从 2006—2011 年，国家累计为西部的"少生快富"工程投入资金达 14.9 亿元，受益群众达 49.6 万户。平均每年差不多 3 个亿投入到西部的"少生快富"工程中去，是一笔不小的投入，说明国家对该工程是非常重视的。

二、"少生快富"工程具体做法

(一)各地政府都投入了很多的资金，都出台了相应的政策法规

以宁夏为例，自治区政府两次提高了"少生快富"项目户的奖励标准：从最初的两女户 5000 元，其他项目户 3000 元；到 2009 年提高为两女户 8000 元，其他户 5000 元；再到 2011 年，又将两女户提高至 15000 元，其他户提高至 10000 元。这样的投入力度是很大的。并在政策上配套出台了十多项政策法规，保证该工程的正常运转。③ 另据甘肃计生委的数据，截至 2009 年 9 月，甘肃省受到奖励扶持的家庭达 8.5 万户(其中"少生快富"工程 5.1 万户、兑现奖励资金 1.66 亿元；整村推进项目"少生快富"工程 3.2 万户，安排 1 亿元扶贫资金；以工代赈易地搬迁"少生快富"工程 5134 户，减免项目户自筹资金达 4300 万元)④。

(二)都是鼓励"少生"结合扶贫开发同步进行

"少生快富"工程在西部八省区不仅仅是简单的以降低出生率为目的。制度设

①　宁夏"少生快富"工程初显成效[R]. 新华社，银川，2006-4-27.

②　我国将在西部地区全面推广实施"少生快富"工程[R]. 腾讯网，2006-10-16，网址：http://news.qq.com/a/20061016/000419.htm.

③　陈鹏，王芳. 少生快富促发展[J]. 共产党人，2012(6).

④　甘肃计生委. "少生快富"脱贫致富的"金点子"[R]. 甘肃计生委网站，2009-9-22，网址：http://www.gsjsw.gov.cn/html/news/11_17_14_831.htm.

立之初，就含有扶助西部少数民族地区群众尽快脱贫致富的导向。通过"少生快富"工程，多数省区的农牧民摆脱了贫困，走上了富裕之路。

(三) 都在一定程度上降低了当地的生育水平

截至 2010 年，宁夏已经帮助 4 万多家庭脱贫致富，全区累计少生 3.6 万人。2009 年全区人口出生率和自然增长率为 14.38‰和 9.68‰，较之 2000 年分别下降 2.11 和 2.24 个千分点，尤其是人口自然增长率，连续 3 年控制在 10‰以内，这是宁夏实行计划生育以来的最低水平①。新华网青海频道西宁 2008 年 8 月 27 日电讯：青海省自 2004 年进入"少生快富"试点省份后，连续 4 年，人口自然增长率控制在 10‰以内，进入全国低生育水平行列。②

(四) 都取得了良好的经济和社会效益

自 2004 年以来，实施"少生快富"工程以来，甘肃省获得中央投入 1.37 亿元，并带动省内相关投入 5789 万元，市县资金 1447 万元。据临夏州测算，2007 年仅"少生快富"一项增加全州农民人均纯收入 20.5 元。社会效益也很突出，首先就是，移风易俗，改变了民族地区人们传统的生育观念。其次，密切了干群关系、党群关系。有研究发现，宁夏回族群众的生育观念正发生着以下几个改变：第一，传宗接代的传统宗教生育观对回族群众的影响正在弱化。第二，生育意愿由多生变为少生，从单纯追求子女的数量逐渐转向不断追求子女的素质。第三，陈旧、落后的生育习俗逐渐革除，正在树立优生优育的观念。

三、"少生快富"工程的总体评价

首先，从各省区"少生快富"工程的运行来看，证明了一点：在我国全面实行了市场经济体制后，很多事情的解决要更多地依靠市场手段、经济手段、利益导向机制。西部"少生快富"工程因为其在民族地区实行，不能采取行政的强制手段，而只能采取劝导、疏通的办法。而这种办法恰好就是在淡化"行政化"，强化市场导向。其实，笔者认为，"少生快富"工程最大的功绩是：它是一场市场化的洗礼。让以前那些山区"等、靠、要"的人们逐步转变观念，要自己在市场经济的大浪里挣生活，而不能再等政府、靠政府了。因为它让实践自力更生的群体优先脱贫致富，所以起了示范作用，很多山区农民都逐步改变了观念，认清了国家形势，努力

---

① 十年图一变——宁夏"少生快富"工程背后的故事[N].宁夏日报，2010-7-11.

② 王紫.少生快富 青海省进入全国低生育水平行列[R].腾讯网，2008-8-27，网址：http://news.qq.com/a/20080827/001326.htm.

去发展自己的生计，提高自己的家庭发展能力。

再者，要密切关注"少生快富"项目户的养老、社会保障问题。有很多群众还是不认同该政策，主要原因是有担忧的。他们会想：我少生了孩子，拿了奖励。暂时是减轻了负担，脱贫致富了，那我老了呢？谁来养我？女孩长大会嫁人，男孩少了，老年怎么办？当然，宁夏、甘肃几个省区也已经考虑到了这个问题，也采取了措施。宁夏2009年发出了《宁夏回族自治区新型农村社会养老保险试点实施意见的通知》，农村计划生育独生子女户、两女户和"少生快富"户，在新农保缴费补贴的基础上，政府再按每人每年75元的标准给予个人奖励缴费补贴。

但是这样的额度是远远不够其养老的。能否转换机制，以替这些项目户购买商业保险的方式去代替发放奖励金？在"少生快富"实行到一定阶段，当地人口出生率出现持续下降的时候，把"少生快富"政策转变成农村养老政策和引导农民自主创业致富的政策，是否更合理。

西部地区的"少生快富"工程，除了继续坚持鼓励少生的原则外，最关键的是顺应城镇化的大趋势，培训那些从"多生"解放出来的青壮劳动力（包括妇女），加强少数民族地区人们的人力资本投资，为今后他们走向城镇，融入城镇化而打下良好的基础。如果"少生快富"工程能够产生这样的联动效应，那无疑是对中国未来经济、社会发展一个巨大的贡献。

实施"少生快富"工程，不仅在于对已实行计划生育的家庭实行奖励和补偿，更重要的是对目前和将来的育龄人群的生育决策产生影响。抓住实施"少生快富"工程的机遇，充分利用好这一有利平台，缓解农村计生家庭生活中的实际困难，提高他们的生活质量，早日实现贫困地区脱贫致富。"少生快富"工程是一个社会系统工程，政策性强，涉及范围广，同时也必须建立和完善配套的规章制度和经常性工作机构，这是该制度安全、稳定、高效运行的重要保障。

第三节 "少生快富"工程绩效评估

一、背景

自20世纪70年代全面推行计划生育以来，我国的计划生育工作取得了十分显著的成效，实现了人口再生产类型由传统型到现代型的历史性转变，有效地缓解了人口对资源、环境的压力，推动了经济发展和社会进步。我国在实现生育率下降的同时也出现了计划生育家庭这一特殊家庭群体。大多数农村计划生育家庭（简称农村计生家庭），尤其是独生子女家庭自身经济支撑能力薄弱，收入偏低，接近80%的家庭不同程度感觉经济生活窘困，"少生没快富"弱化了家庭的经济功能（杜本峰，2014）。

针对农村计生家庭普遍收入不高这一现实情况，同时为了稳定西部地区低生育水平，实现西部地区人口与资源、环境的协调可持续发展，国家于2000年在宁夏试点实施"少生快富"工程。2004年经国家人口计生委、财政部和国务院扶贫办联合发文，将试点范围扩大到青海、云南。2006年，"少生快富"工程扩大到内蒙古、海南、四川、云南、甘肃、青海、宁夏、新疆等八个省区。作为国家计划生育利益导向的三大基本制度之一，"少生快富"工程是主要面向西部广大少数民族地区的一项计划生育利益导向政策。从实践中来看，"少生快富"工程在西部八省区不仅仅是简单的以降低出生率为目的的，而且还有着扶助西部少数民族地区群众尽快脱贫致富的导向。可以说，"少生快富"工程既属于计划生育利益导向政策，也属于扶贫政策，是计划生育工作与扶贫开发相结合的一项国家政策。

中共十八大以来，以习近平总书记为核心的党中央更加重视扶贫工作。习近平总书记在2013年11月于湖南湘西考察时，首次提出了"精准扶贫"的概念。之后，中共中央办公厅印发《关于创新机制扎实推进农村扶贫开发工作的意见的通知》，国务院出台《关于印发〈建立精准扶贫工作机制实施方案〉的通知》，对精准扶贫工作模式的顶层设计、工作机制等方面都做了详尽规制。

在党和政府强调精准扶贫的大背景下，"少生快富"工程的减贫效应需要学术界给予特别的关注。这是因为，首先，"少生快富"工程是在较贫困的民族地区实施的，自愿参加"少生快富"工程的农户绝大部分都是贫困户；其次，"少生快富"工程是现金补贴，这实质上和公共转移支付没有本质的区别。通过分析"少生快富"工程对计生家庭贫困脆弱性的影响及其作用机理，总结经验和教训，有助于党和政府更好地推进精准扶贫工作。另外根据一些学者的发现，"少生快富"工程在实施过程中也不尽如人意，政策的目标瞄准性还不够，无法区分不同类型、不同特征的计生家庭的差异，从实施效果来看并没有达到政策的预期目的。

正是如此，本项目具有较为重要的现实意义和理论价值。从现实的角度看，在党和政府提出精准扶贫实现共同富裕的大背景下，本研究把目标集中在校正"少生快富"工程政策目标瞄准性和提高农村计生家庭经济收入这一主题，这对政府重新思考和完善"少生快富"工程政策、更有效率地开展扶贫工作具有重要的实际参考价值。从理论的角度看，本项目致力于建立一个评估"少生快富"工程实施效果的分析框架，考察了"少生快富"工程对计生家庭贫困脆弱性的影响及其作用机制，这对于充实公共政策评估理论和扶贫理论也做了边际上的贡献。

本节的研究目标是系统研究"少生快富"工程对农村计生家庭贫困脆弱性的影响，提出提高"少生快富"工程目标瞄准性的政策建议。

二、贫困脆弱性测度

（一）数据

本研究使用的数据取自国家社科基金重大项目"完善人口和计划生育利益导向政策体系研究"课题组于 2015 年 7～8 月的问卷调查。该调查覆盖甘肃和宁夏两省区农村，调查对象主要是参加"少生快富"工程的计划生育家庭，采用多阶段分层整群随机抽样方法，共获得有效样本 1028 份。调查中包括了收入、转移支付和家庭及个人特征的信息，本文的分析单位为家庭，在脆弱性分析中除包含家庭特征变量外，我们还把受访者的特征变量纳入进来。

（二）变量

本研究以家庭人均收入来测度脆弱性。

在自变量方面，"少生快富"工程是我们关注的主要变量。其他控制变量主要考虑劳动力、人力资本、物质资本、社会资本等家庭特征。

1. 劳动力。以 15～59 岁的不在学劳动年龄人口数来反映劳动力数量；以家庭规模来间接反映劳动力的负担情况。

2. 家庭人力资本。美国经济学家 Schultz（舒尔茨，1968）最早明确地提出了人力资本理论，指出教育、健康、培训和经验都是人力资本的组成部分，其中教育和健康是人力资本的两大基石。这里选择受访者受教育年限、劳动年龄人口平均受教育年限作为教育的代表变量；选择身体健康状况为健康的代表变量；选择受访者是否外出和受访者年龄作为经验的代表变量。

3. 物质资本。我们的调查包括家用电器、交通工具、农业机械、耕地等方面的资产信息。其中，耕地和农业机械属于生产性资产；家电、交通工具虽然不属于生产性的，但也是家庭经济实力的间接佐证，而且某些家庭的交通工具可能用于生产经营。由于农村中的住房大多是自住，而且建材材料、面积等不好界定，所以本书中并没有将农户住房计算进家庭资产。

4. 社会资本。对于寻常百姓人家，逢年过节亲朋往来是社会生活中最重要的事情，越是频繁，说明人际关系越好越融洽。根据我们的实地调查发现，农户的金钱往来更多是在直系亲属之间，直系亲属主要是夫妻二人的兄弟姐妹。因此，我们加入兄弟姐妹数量来衡量家庭社会资本。因此，选择兄弟姐妹数量和逢年过节往来亲戚朋友户数做为社会资本的代表变量。

另外,家庭拥有新农保,就可以分散风险。至此,本书共选了11个变量备用,如表5-1所示。

表5-1   变量选择表

变量代码	变量名	变量说明
Jtrjsr	家庭人均收入	2014年的家庭人均收入
sskf	"少生快富"政策变量	计生家庭"少生快富"补贴款金额
Ldlrs	劳动力人数	家里15~59岁不在学人口数
ldledu	劳动力平均受教育年限	家里15~59岁不在学人口平均受教育年限
sfzedu	受访者受教育年限	受访者受教育年限
sfzage	受访者年龄	受访者年龄
Sfzwc	受访者外出情况	受访者是否外出
jtasset	家庭资产	资产总和
jtsize	家庭规模	家庭人口数
Xdjm	兄弟姐妹数	受访者夫妻二人的兄弟姐妹数
Qphs	拜年来往亲朋户数	重要节日期间往来走动的亲戚朋友户数
Xnbbl	参加新农保比例	家庭成员中参加新农保比例

(三)贫困脆弱性测度

本研究以"少生快富"工程利益导向政策为研究对象,考察"少生快富"工程政策的实施情况,探讨"少生快富"工程影响计生家庭贫困脆弱性的微观机理,致力于提出提高"少生快富"工程政策目标瞄准性的政策建议。

1. 计生家庭贫困脆弱性分析框架

脆弱性是未来陷入贫困的概率,是对贫困的事前测度,具有前瞻性。公共政策对贫困脆弱性影响的研究更多地聚焦于贫困方面,比如哥伦比亚学者阿戈斯蒂尼(Agostini&Brown)(2007)研究发现,现金补助对降低贫困和不平等有显著作用。英国学者都阳和阿尔伯特·帕克(Albe Park)(2011)利用两轮城市微观调查数据研究表明,对于城市贫困的救助手段在城市经济体制转型过程中发生了明显的变化。而且,和国际上类似的项目相比较,中国的救助体系具有较好的救助效果。澳大利亚学者杰哈(Jha)等(2009)分析了印度对工作补助和对食品补助两种公共政策在缓解贫困、营养不良、脆弱性中的作用，用倾向值匹配和处理效应模型方法得到的结论是，加入两种公共政策的个体的贫困、营养不良和脆弱性均有显著降低。

本研究基于美国学者布朗夫曼（Bronfman）（2010）和樊丽明、解垩（2014）的估计方法，计算出计生家庭贫困脆弱性，在此基础上分析"少生快富"工程对计生家庭贫困脆弱性的效应。根据上述文献，测度贫困脆弱性的基本方程为：

$$VUL_{ht} = \Pr(Y_{h \cdot t+1} \leqslant \text{poor}) \tag{5.1}$$

其中，VUL_{ht} 代表第 h 个家庭在 t 时期的脆弱性，指的是家庭未来收入（$Y_{h,t+1}$）低于某个门槛值（贫困线）的概率。未来收入可以表示为可观测到的变量（X_h）及包含冲击因素的误差项（e_h）的函数，那么未来收入的表达式如下：

$$Y_{h,t+1} = f(X_h, \propto_t, e_h) \tag{5.2}$$

把式（2）代入式（1）可得到如下方程：

$$VUL_{ht} = \Pr(Y_{h,t+1} = f(X_h, \propto_t, e_h) \leqslant \text{poor}) \tag{5.3}$$

接下来，需要估计收入方程，即下式：

$$\text{Ln}Y_{h,t} = \propto_h X_h + e_h \tag{5.4}$$

其中，$Y_{h,t}$ 代表家庭 h 在 t 时期的收入，$Y_{h,t}$ 是家庭人力资本、社会资本等特征变量。基于式（4）可得到预测因变量 $\hat{Y} = Y_{h,t}$，以及残差项 $\sigma^2_{e,h}$。

然后估计对数收入的期望值 $\hat{E}$ 和方差 $\sigma^2_{e,h} = X_h \beta$，即存在下式：

$$\hat{E} = [\text{Ln}Y_h \mid X_h] = X_h \hat{\alpha} \tag{5.5}$$

$$\hat{V} = [\text{Ln}Y_h \mid X_h] = \sigma^2_{e,h} = X_h \widetilde{\beta} \tag{5.6}$$

最后，假设收入服从对数正态分布，那么，贫困脆弱性计算可简化为下式：

$$VUL_{ht} = \hat{\Pr}(\text{Ln}Y_{h,t+1} \leqslant \text{Lnpoor}) = \phi\left(\frac{\text{Lnpoor} - X_h \hat{\alpha}}{\sqrt{X_h \widetilde{\beta}}}\right) \tag{5.7}$$

2. 贫困脆弱性测度结果

我们用上面提到的微观调查数据测度了计划生育家庭的贫困脆弱性见表 5-2。

三、"少生快富"工程对计生家庭贫困脆弱性影响的实证分析

从本节的研究目的来讲，那些高贫困脆弱性的计划生育家庭才是关注的重点，因此需要研究"少生快富"工程对不同脆弱性水平的计划生育家庭，特别是对高脆弱性计划生育家庭的影响，为"少生快富"工程政策的进一步完善提供参考。最小二乘回归体现的是自变量对因变量平均值的边际效果，而分位数回归就不同，能够

提供不同分位上的多组回归系数,每组系数体现自变量对因变量该分位数的边际效果。当自变量对因变量分布的不同部分产生不同的影响时,分位数回归更能捕捉到这些差异。因此,本节使用分位数回归来考察"少生快富"工程对西部农村计划生育家庭贫困脆弱性的影响。

表 5-2   贫困脆弱性测度结果

分组依据	组别	脆弱率(%)	平均脆弱性
年龄	35 岁以下	24.9	0.139
	35~45 岁	26.7	0.153
	45~55 岁	32.6	0.176
	55~65 岁	40.9	0.271
	65 岁及以上	52.7	0.329
教育程度	小学及以下	46.8	0.288
	初中	42.4	0.231
	高中及中专	36.8	0.186
	大学及以上	12.5	0.083
省份	甘肃	48.3	0.279
	宁夏	50.6	0.281

分位数回归模型可以表述为

$$V_\tau^u = X\beta_\tau^u + \varepsilon_\tau^u \tag{5.8}$$

$$V_\tau^r = X\beta_\tau^r + \varepsilon_\tau^r \tag{5.9}$$

式中,V_τ 是脆弱性 V 的第 τ 分位数,X 是均值回归中筛选出来的影响因素,系数向量 β_τ 随分位点 τ 的变化而变化,由下式求解:

$$\beta_\tau = \arg\min_\beta \sum_{i=1}^n \rho_\tau(V_i - X_i\beta) \tag{5.10}$$

$$\rho_\tau(u) = u(\tau - I(u < 0)) = \begin{cases} \tau u, & u \geqslant 0 \\ (\tau - 1)u, & u < 0 \end{cases} \tag{5.11}$$

虽然分位数可以细分为很多,但很多并没有必要。本书仅仅取 $\tau = 0.25$、0.5、0.75,用 STATA 完成分位数回归,结果如表 5-3 所示。可以发现,各因素分位数回归系数的符号与均值回归基本一致,但在数值和系数的显著性上存在一定差异。

表 5-3 分位数回归结果

变量	均值回归	分位数回归		
		$\tau=0.25$	$\tau=0.5$	$\tau=0.75$
C	0.6217 ***	0.2362 ***	0.5941 ***	0.9194 ***
sskf	−0.0088 ***	−0.0046 ***	−0.0132 ***	−0.0144 ***
Ldlrs	0.0471 *	0.0138 *	0.0427 **	0.0835 ***
ldledu	−0.0236 **	−0.0167 **	−0.0242 ***	−0.0313 **
sfzedu	−0.0362 ***	−0.0159	−0.0071	−0.0423
sfzage	−0.0478	−0.0029	−0.0364	−0.0862
Sfzwc	−0.0011 *	−0.0008 *	−0.0007 *	−0.0017 **
jtasset	−0.0481 *	−0.0335 **	−0.0569 *	−0.0542 *
jtsize	0.0731 **	0.0423 *	0.0737 **	0.0668 **
Xdjm	−0.0569 ***	−0.0318 ***	−0.0589 ***	−0.0842 ***
Qphs	−0.0212 *	−0.0023	−0.0071 *	−0.0454 *
Xnbbl	−0.1109 **	−0.0424 **	−0.1247 **	−0.1631 **
Adjusted R^2	0.1042	0.0917	0.1539	0.1793

注：表中仅列示均值回归和 $\tau=0.25$、0.5、0.75 的分位数回归结果。

　　从回归结果来看，"少生快富"工程对计划生育家庭脆弱性有显著的负的影响，但是影响系数太小。可能的原因如下：其一，"少生快富"工程的水平较低，"少生快富"工程数额仅占全部样本家庭人均平均收入的 15%。其二，"少生快富"工程扶助金是一次性支付，仅仅解决计划生育家庭的暂时性困难，难以持续对其进行扶助。其三，"少生快富"工程减贫的识别、瞄准机制不完善。

　　另外，其他变量的影响也很有政策启示。教育对脆弱性的负向作用越来越强，即越脆弱的群体，增加教育越能有效地降低其脆弱性，与均值回归结果一致，农村的教育收益率仅能达到城镇的一半左右；家庭越脆弱，资产的影响越大。从这个角度讲，保护和增加脆弱群体的实物资产是降低脆弱性的有效途径。与教育和资产相似，新农保比例越高，家庭脆弱性越低。农村新农保比例仅在极端分位点上显著，恰恰说明了在农村新农保尚未发挥应有的作用。越是脆弱性高的家庭，家庭规模的影响就越大，这个结果从侧面证明了"少生快富"工程实施的必要性。

　　计划生育家庭中的贫困人口是一个具有异质性的人群，造成贫困脆弱性的原因是由于人力资本低下、无法从事非农工作，还是无法劳动的家庭成员的拖累，抑或是可耕作的土地有限？

"少生快富"工程不仅仅是为了给予计划生育家庭以现金补助，而是为了提高接受者的人力资本水平。脆弱性的决定因素分析表明，教育程度反向地影响到脆弱性，所以利益导向政策应该从健康、教育、营养等多方面来设置。比如，限定"少生快富"工程对象家庭的补助款优先用于某一用途的行为，不会被其他家庭支出所替代，使得"少生快富"工程预防脆弱性的作用增强。当然，对一些贫困的老人家庭、人力资本难以提升的家庭其受益条件可作相应调整。

第六章 子女伤残计划生育家庭特别
扶助制度绩效评估

第一节 特别扶助制度基本情况

一、特别扶助制度缘起

《中华人民共和国人口与计划生育法》明确规定:"独生子女发生意外伤残、死亡、其父母不能再生育和收养子女的,地方人民政府应当给予必要的帮助"。胡锦涛同志、温家宝同志在 2003 年和 2004 年的中央人口资源环境工作座谈会上,提出"目前一些实行计划生育的家庭特别是独生子女家庭,由于子女病残、死亡等原因,生活遇到困难,养老缺乏保障,这些问题要妥善解决,抓紧建立社会救助机制。"在 2006 年,国务院及相关部门又联合下发《关于全面加强人口和计划生育工作统筹解决人口问题的决定》,提出"要积极探索建立独生子女伤残死亡家庭扶助制度"。国务院在 2007 年,将独生子女伤残死亡家庭特别扶助制度的试点安排正式写入当年的工作内容,并于该年在 10 个省(市)实施试点工作。此外,除福建、江苏、四川、贵州、宁夏和西藏等地外,各地政府和相关部门都根据《人口与计划生育法》,在地方人口与计划生育条例里作出了相关规定。经过一段时间的实践,2008 年独生子女伤残死亡家庭扶助制度全面实施。

二、特别扶助制度的具体内容

2007 年 8 月 31 日,国家人口计生委、财政部联合印发了《全国独生子女伤残死亡家庭扶助制度试点方案》,对特别扶助制度的基本内容做出明确的说明,标志特扶制度试点工作正式开展。

1. 实施范围。从 2007 年起,首先在东部地区的上海市、江苏省、山东省以及青岛市,中部地区的湖南省、吉林省、山西省,西部地区的贵州省、重庆市、甘肃省开展试点工作。在此基础之上，对已经开展特扶工作的地区，结合本方案要求，继续做好相关工作，取得一定的经验之后，于 2008 年在全国其他地区逐步推开。

2. 制度目标人群。根据试点方案的规定，特扶对象是：我国城镇和农村独生子女死亡或伤、病残后未再生育或收养子女家庭的夫妻。扶助对象应同时符合以下条件：①1933 年 1 月 1 日以后出生。②女方年满 49 周岁。③只生育一个子女或合法收养一个子女。④现无存活子女或独生子女被依法鉴定为残疾（伤病残达到三级以上）。

对于能够满足上述条件的家庭，政府应该划拨专项资金，发放给这类家庭，缓解他们生活上的困难，提高其生活质量。因丧偶或离婚的单亲家庭，男方或女方必须达到 49 周岁，才有资格领取扶助金。一旦扶助对象再生育或合法收养子女后，不再满足试点方案的规定，应中止领取扶助金。

对于独生子女伤、病、残或死亡而女方尚未达到 49 周岁的家庭，各级政府或是非政府组织有责任为其提供经济救助、精神抚慰和医学咨询指导等服务，对于有再生育意愿的家庭，也应该尽力为其提供各项帮助，实现再生育。

3. 资格确认程序。扶助对象的确认由相关人口计生部门具体负责，其程序如下：①符合试点方案规定的家庭或个人主动提出申请。②村（居）委会和乡（镇）人民政府（街道办事处）对申请人进行资格初步审核。③县级人口计生行政部门按方案的具体要求进行审批，并将审批结果予以公示。④市级和省级人口计生行政部门对相关的申请、审核以及审批等各项工作备案。

独生子女残疾的，需提供《中华人民共和国残疾人证》，等级为三级以上；独生子女死亡的，需提供乡级以上医疗机构或公安机关或户口所在地村（居）委会出具的死亡证明。

4. 特别扶助金标准及发放办法。独生子女死亡后未再生育或合法收养子女的夫妻，政府应向他们提供每人每月不低于 100 元的扶助金，直至受扶助对象亡故为止；而对于独生子女伤、病残后未再生育或收养子女的夫妻，政府提供的特别扶助金标准每人每月不低于 80 元，直至亡故或子女康复为止。

独生子女伤残死亡家庭扶助资金在现有金融服务体系的框架内，由省级财政、人口计生部门根据试点方案要求，同满足条件的金融机构签订代理服务协议，由代理金融机构建立受扶对象个人账户，及时、足额将扶助金直接发放到受扶对象的个人账户。

扶助金以个人为单位按月计算，一年发放一次。扶助对象凭有效证件到代理发放机构领取扶助金。

5. 扶助资金安排及财政负担比例。独生子女伤残死亡家庭扶助资金由中央与地方各级政府按一定的比例分别承担，各级政府应按照试点方案的具体规定，划拨专项资金纳入中央财政和地方财政预算。其中，地方政府负担的资金，主要由省级财政承担。对西部试点地区，由于本地区经济发展水平较为落后，地方财政收入相对较少，因而中央财政按照试点要求承担扶助资金总额的80%，剩余的20%由地方政府承担；中部试点地区的扶助资金按基本标准由中央财政和地方财政平均分摊；而对于经济发展水平较高的东部试点地区，扶助资金由地方财政自行安排。

第二节　特别扶助制度实施现状

一、特别扶助制度实施效果

特别扶助制度建立以来取得了相当的成绩。在当前我国的社会经济发展条件下，由于缺乏完善的社会保障制度，尤其是面向广大农民群众的社会保障制度更是显得不足，针对独生子女死亡伤残家庭群体建立特别扶助制度产生了积极的社会效应。

首先是特别扶助制度在一定程度上缓解了独生子女死亡伤残家庭生活上的困难，帮助他们解决后顾之忧。独生子女一旦遭遇死亡或严重伤病残，而其母亲又不能再生育，这些家庭将不可避免地面临着生产、生活和养老等方面的实际困难和问题。独生子女死亡伤残首先意味着其家庭对其在成长过程中的人力资本投资全部丧失；绝大多数因病死亡独生子女的家庭，由于给孩子治病，往往付出高昂的医疗费用，导致一贫如洗甚至债台高筑，最后是人财两空；而独生子女伤残家庭的收入普遍偏低。从一定意义上讲，独生子女伤残家庭比独生子女死亡家庭的负担更重，身心更疲惫，生活缺少保障。对那些低保家庭、低收入家庭以及绝大多数农村居民来说，老来无靠的问题将非常突出。对这个特殊群体定期给予扶助金，与相关社会保障制度相配合，再结合社会各界的关怀关爱，可以保证他们老年的基本生活水平。

其次是特别扶助制度使得党和政府的温暖惠及独生子女死亡伤残家庭这个特殊群体，彰显了以人为本、执政为民的政府形象。特别扶助制度使他们亲身感受党和政府的温暖，感受到响应国家号召不吃亏，生活上有帮助，经济上有实惠，从而有利于赢得民心、巩固党的执政基础，有利于缓解社会矛盾、促进社会和谐。建立特别扶助制度也表明我国政府及有关部门充分认识到独生子女家庭群体的风险，正视独生子女死亡伤残家庭的特殊困难和问题，并积极采取措施予以帮助解决。

再次是特别扶助制度有利于长期坚持计划生育基本国策，稳定低生育水平。独生子女死亡伤残，特别是成年独生子女死亡伤残对人口和计划生育工作产生了一定的负面影响，使得计划生育工作困难增大，违法生育率升高。有的独生子女死亡伤残家庭还对国家计划生育政策产生质疑，甚至对政府产生了不信任。建立特别扶助制度表明了一个诚信政府、责任政府的态度，并努力帮助解决群众的后顾之忧，从而赢得群众的理解和支持，有利于稳定人口和计划生育工作。

二、特别扶助制度存在的问题

(一)患重大疾病的独生子女父母尚不能纳入特别扶助制度

由于特别扶助制度要求独生子女伤残的须具有三级以上的《残疾人证》。对独生子女身患重大疾病、尚未治愈，没有被残联部门确认为残疾人并依照法律规定发给《残疾人证》的，其父母目前还不能纳入特别扶助制度之中。不少地方都建议，将身患重大疾病(如白血病、肾衰竭等)的，纳入特别扶助范围。

(二)特别扶助制度落实的及时率还比较低

由于特别扶助对象的特殊性，特别扶助制度从一开始就没有进行广泛的宣传。不少符合条件的独生子女死亡伤残家庭由于不能及时知晓政策、及时提出申请，也就未能及时纳入特别扶助制度。当然可能也有一些符合条件的独生子女死亡伤残家庭由于申请特别扶助，要求填写有关表格，提供有关证明材料，而不愿触及令人伤心的过去，而没有提出申请。为考察特别扶助制度落实的有关情况，可以引进特别扶助制度落实及时率这个指标。根据特别扶助制度落实及时率，可以了解特别扶助制度落实的有关情况。落实及时率越高，说明符合条件的独生子女死亡伤残家庭越能及时纳入特别扶助制度，反之，如果落实及时率越低，说明符合条件的独生子女死亡伤残家庭很多都没有及时纳入，表明政府部门的工作还有许多需要改进的地方。

(三)特别扶助制度实施时非政府组织力量薄弱

随着经济的发展和社会需求，越来越多的非政府组织出现，它们涵盖了社会的各个领域，并且在社会生活的各处都发挥着重要的作用，但是由于各种因素的限制或制约，非政府组织在发展过程中还存在着很多问题，面临着诸多困难，非政府组织的力量依然很薄弱。非政府组织在对弱势群体的支持上发挥了不可低估的作用，但是在资源关系的利用上力量不足，其行政色彩还是很浓，虽然名为非政府，但是却仍具有依附性，难以摆脱其行政化的倾向。

从非政府组织自身的角度而言，一方面，非政府组织的生存能力较弱。虽然非政府组织不以营利为目的，但是其正常工作的开展仍需要耗费各项成本，而其资金的来源比较单一，故大多数非政府组织的发展并不乐观；另一方面，非政府组织的人员参差不齐，很多非政府组织成为吸收离退休人员，机关事业单位下岗人员的安身立命之所，专职人员、专业人员缺乏，也难以留住专业人才，故在开展专业服务，为群体提供专业支持上力量薄弱，难以继续。

从政府的角度而言，政府对非政府组织开展的各项专业服务仍持矛盾心态，一是政府意识到社会的发展需要非政府组织的积极参与，与民众之间的关系也需要非政府组织的协调，故为非政府组织提供资金，让其开展相应的服务活动；二是政府又担心非政府组织的发展壮大，将很难对其控制，故对非政府组织的资金支持并不那么有力，同时政府在非政府组织的发展规划上也缺乏相应的政策支持、业务指导和长效发展机制。

（四）申请特别扶助金程序繁琐

一些特别扶助对象还建议，申请特别扶助待遇的程序包括年审以及提供有关证明材料，应当进一步简化，以方便群众办事，同时尽可能少地触及或避免反复触及独生子女死亡伤残家庭伤心的往事。

综上所述，在探索建立特别扶助制度标准动态调整机制，及时提高特别扶助金标准的同时，应进一步完善特别扶助制度。首先应尽快将至少医学上认为不能治愈或将导致终身残疾的患重大疾病独生子女的父母，及时纳入特别扶助制度范围。其次要采取有针对性的措施，尽快提高特别扶助制度落实的及时率，简化特别扶助对象申请程序以及有关证明材料，免于年审。

第三节　特别扶助制度绩效评估

一、概述

回顾计划生育利益导向政策的发展历程，可以看到不同时期人口问题的变动对人口管理提出了不同的要求，早期利益导向政策重视对个体生育选择的控制，然而随着经济社会发展，人口计生工作处于一个新的历史发展阶段时期，新形势新任务都对人口计生工作提出了新的要求。利益导向政策逐渐转向对家庭发展的重视，尤其是关注提升纯女户家庭、独生子女伤残死亡家庭、计划生育手术并发症家庭以及生活陷入困难的计生家庭的发展能力。

2014 年全国卫生计生财务工作会议提出要坚持"改革为中心、发展为主题、管理为重点、能力为基础"的工作思路,重点要以落实财政投入保障机制促进事业发展。计划生育利益导向机制,是实现新时期人口和计划生育工作的"两个转变"的主要内容,是引导和鼓励育龄夫妇自觉地按照国家政策实行计划生育、实现人口计生事业健康持续发展的重要举措。

计划生育利益导向政策支持困难家庭发展主要体现在两个方面,一是计划生育手术并发症及后遗症患者的帮扶;二是独生子女不幸伤残或死亡家庭的特别扶助。这两项政策对困难家庭起到了一定的支持作用,但是独生子女不幸死亡或重度伤残对父母最重要的打击来自于精神上和心理上,一定的经济补偿仅仅是杯水车薪,其帮扶的效果比较有限。对于计划生育手术并发症患者的家庭来说,一是有些地方,宣传工作较弱,鉴定标准紧,导致了手术并发症数量漏报较大,造成相当一部分并发症患者没有享受到政策扶持;二是有些地方财力和经费比较紧,补贴和政策没有落到实处;三是由于补贴较低,与他们的实际需求相差甚远。所以说,从制度和机制上为计划生育家庭提供保障,用利导机制调节利益分配关系,尤其是对于需要得到帮助的特别扶助家庭来讲,这显得更为迫切。以计生家庭特别扶助制度政策实施力度为出发点和视角,让我们对不同地区特别扶住制度的政策实施力度情况和走向有一个清晰的了解。

二、特别扶助制度实施绩效分析

政策实施力度,早在 20 世纪 80 年代,我国就开始实施了计划生育利益导向政策,近年来我国制定了以三项制度(农村计划生育家庭奖励扶助制度,西部地区"少生快富"工程、计划生育家庭特别扶助制度)为主的多项政策措施,那么这些政策落实力度有多大,可以作为衡量政策绩效评估的重要指标。其中政策实施力度包括了政策惠及度和政策惠及面两个角度,政策惠及度是指政策惠及者所获得的支持大小,反映的是政策实施的深度;政策惠及面是指政策惠及人群的多少,反映的是政策惠及的广度。关于这两个指标的测量,政策惠及度用省级层面上的奖扶金额对数和特扶金额对数来测量,我们认为这两个指标作为政策惠及度的测量指标是合适的。政策惠及面用省级层面上的奖扶金奖励人数对数和省级层面上的特扶金奖励人数对数测量,覆盖人数的多少可以很好地反映政策惠及的广度。

本节,我们需要对特别扶助制度政策实施力度作绩效评估,所以在数据选取上,政策惠及度用省级层面上的特扶金额测量,政策惠及面用省级层面上特扶金奖励人数测量。通过对数据采用不同标准化处理方法对比分析发现:标准分数(standard score)(也叫 z 分数(z-score))处理后的数据较为理想。该方法使用一个分数的平均数的差再除以标准差使数据实现归一化，即 $Z=(X-U)/\sigma$，其中 X 为某一具体分数，U 为平均数，σ 为标准差。Z 值的量代表着原始分数和母体平均值之间的距离，是以标准差为单位计算。在原始分数低于平均值时，Z 则为负数，反之则为正数。

（一）特别扶助政策惠及度分省分析

计生利导政策具有时效长、受众多、逐年累加的特点，因此需要有稳定的资金投入保障。在 2012 年，国家卫生计生委、民政部、财政部、人力资源和社会保障部、住房和城乡建设部五部委联合出台《关于进一步做好计划生育特殊困难家庭扶助工作的通知》，加大对计划生育特殊困难家庭的帮扶力度。特别扶助金从每人每月不低于 110 元（伤残）、135 元（死亡）提高到城镇每人每月 270 元、340 元，农村每人每月 150 元、170 元，并建立动态增长机制。这说明我国政策规定对失独计生家庭最低扶助 6120 元，对伤残计生家庭最低扶助 5040 元（城乡平均）。

在此，采用分省分析方法测度计生家庭特别扶助金政策在惠及力度方面实施效果。结合表 6-1 和图 6-1 对比分析可以得出：各省 2010 年计生家庭特扶金扶助支出额差异较小，基本保持在约 1100 元/户，在 2013 年，各省对计生家庭特扶金扶助分布在三个不同的水平，其中以河南省最高，为 3009 元/户，河北省与海南省居中，大约 2000 元/户，其他六省份最低，约为 1500 元/户。由图 6-1 可以看出：海南省、河南省和河北省在 4 年间对计生家庭特扶金扶助具有相对较大幅度的增长，其他大部分省份对计生家庭特扶金扶助增加幅度相对较小并且其惠及度变化趋势基本相同。

表 6-1　　　　　各省份计生家庭人均特扶金支出表①（2010—2013 年）　　　单位：元/人

省份	2010 年	2011 年	2012 年	2013 年	年均增长率
辽宁	1200.00	1200.00	1479.80	1482.46	0.073
山东	1123.48	1125.75	1531.50	1534.35	0.109
黑龙江	1099.83	1098.92	1490.95	1494.44	0.108
湖北	1111.11	1524.47	1470.50	1462.38	0.096
吉林	1096.66	1097.58	1492.80	1494.59	0.109

---

①　注：鉴于数据的可获得性，其中只有辽宁、山东、黑龙江、湖北、吉林、河北、河南、内蒙古、海南相关数据，数据来源于各省卫生与计划生育委。

续表

省份	2010 年	2011 年	2012 年	2013 年	年均增长率
河北	1122.24	1122.35	1522.81	2049.25	0.222
河南	1105.94	1106.45	3001.49	3009.29	0.396
内蒙古	1134.70	1150.01	1567.88	1555.56	0.111
海南	1200.00	1200.00	1920.09	1919.97	0.170
平均值	1133.94	1189.09	1586.65	1635.17	0.130

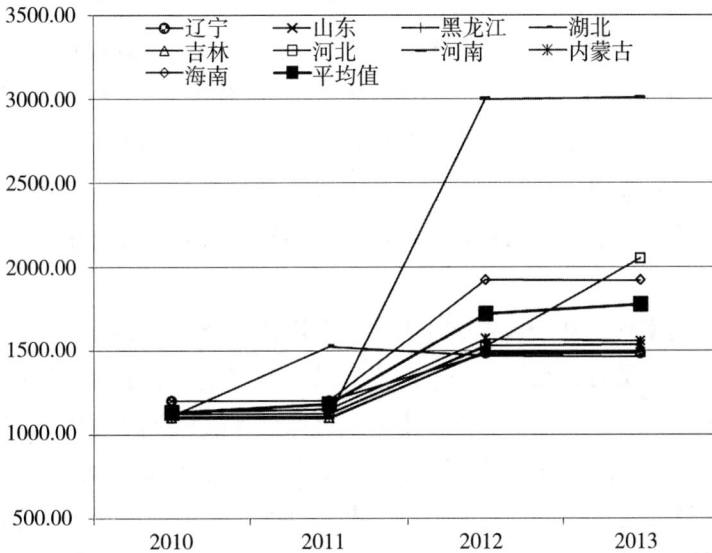

图 6-1 各省份计生家庭人均特扶金支出变化趋势图(2010—2013 年)   单位：元/人

具体年份来看，计生家庭特别扶住金额差距变化以 2011 年为界限，2011 年之前，绝大多数省份特扶金额在 1099 元/人至 1200 元/人之间，年均增幅仅为 4.23%，只有湖北省大幅增加了对计生家庭的特扶金，从 1111 元/人增加至 1524 元/人，增幅为 36.0%；2011 年之后，即 2012 年开始，9 省份大幅增加了对计生家庭特扶金扶助力度，平均增幅为 45.67%，其中河南省对计生家庭特扶金扶助增加最多，对计生家庭特扶金扶助增加了 1900 元/人，增加了 172.72%，成为了全国范围内计生家庭特扶金政策惠及度最深的省份，海南省次之，从上年的 1200 元/户增加至 1920 元/人。2013 年，河北省政府继续保持政策实施力度，使得计生家庭特扶金额从 1522 元/人增加至 2049 元/人，而其他省份对计生家庭的特扶金扶助则基本与上年持平。

　　通过计生家庭人均特扶金年均增长率横向比较各省人均特扶金支出，可以看出：河南、河北计生家庭人均特扶金年均增长率分别为 0.396 与 0.222，均较大程度地高于全国计生家庭人均特扶金年均增长率水平；海南省计生家庭人均特扶金年均增长率为 0.170，比全国计生家庭人均特扶金增长率高 0.04；其他省份年均增长率由小到大依次为：辽宁、湖北、黑龙江、山东、吉林和内蒙古，其中增长率最低的辽宁省比年均增长率低 0.057。

　　综上所述，不同省份对特殊困难计生家庭的帮扶力度在不断地加大，这说明了各省对计生特殊困难家庭发展能力的建设越来越重视，但是相对于我国政策规定的"失独计生家庭最低扶助 6120 元，伤残计生家庭最低扶助 5040 元（城乡平均）"数额来说，各省对特殊困难计生家庭的帮扶力度仍然存在较大的欠缺。但是，随着各省特别扶助制度政策惠及度的加大，我国计划生育利益导向政策已然发生了极大的改变。即利益导向政策已由早期的主要控制人口数量向当前倾向于综合治理转变，并且在今后还会进一步以提高家庭发展能力为目标，政策实施更多地体现"以人为本"的理念。

　　除河北、河南外，其余各省对计生家庭人均特扶金支出数额相差不大，并且各省计生家庭特扶人数也存在较大的差别，所以各省对计生家庭特扶支出总额横向比较意义不大。下文将从纵向对各省计生家庭特扶金支出总额变动趋势做出分析。以年均增长率为依据（表 6-2），河南年均增长率最高，为 0.603，几乎是其他省份的 2 倍；内蒙古与河北次之，分别为 0.322 与 0.349；其他省份介于 0.247 与 0.298 之间，由高到低依次为：黑龙江、湖北、海南、山东、吉林和辽宁。虽然各省对计生家庭特扶支出总额年均增长率存在一定程度的差异性，但整体上看，进一步表明不同省份对特殊困难计生家庭的帮扶力度在不断地加大。

表 6-2　　　　**各省份计生家庭特扶金支出总额（2010—2013 年）**　　　　单位：万元

省份	2010 年	2011 年	2012 年	2013 年	年均增长率
辽宁	4992	5778.96	8303.62	9686.72	0.247
山东	2594	2956	4617	5284	0.268
黑龙江	2567	2994	4869	5620	0.298
湖北	2403	3670	4519	5196	0.293
吉林	2328.43	2626.06	4062.05	4612.74	0.256

续表

省份	2010 年	2011 年	2012 年	2013 年	年均增长率
河北	1817.92	1971.19	2952.88	4458.55	0.349
河南	1093	1239	3826	4504	0.603
内蒙古	497	588	992	1148	0.322
海南	67.68	71.76	131.91	146.11	0.292

（二）利导政策中特扶政策实施力度分析

利益导向政策通过"特扶"、"奖扶"等相关制度，为纯女户家庭、独生子女伤残死亡家庭、计划生育手术并发症家庭以及生活陷入困难的计生家庭提供生活保障，将家庭的部分风险转移出去。那么，一方面家庭由于有倾向于利益导向政策兜底，可以快速改善生活、积累资本以及利用进一步的经济投资来抗拒风险、发展家庭；另一方面，倾向于利益导向政策还通过开展"关爱女孩"等一系列活动有利地转变了家庭"至少有一个男孩"的传统思想，不再追求"生男即止"，那么家庭将会把对女儿的教育投资放在与儿子同等重要的地位。利益导向政策通过经济投资、有力的人力资本投资以及家庭风险外部转移等多种方式，可以由内及外全方位地促进家庭的可持续发展。

因为各省特扶金及特扶金人数数据差别较大，通过对数据采用不同标准化处理方法对比分析发现采用标准分数（standard score）对各省数据处理结果较为理想。所以，先采用标准分数（standard score）法对各省数据进行标准化处理，然后采用标准化处理后相应指标数据乘以特扶政策绩效评估指标体系（表3-12）内各指标相应权重而得到各省特扶政策实施力度因子得分。

首先分年份概述各省特扶政策实施力度因子得分（见表6-3）。2010年，辽宁省因子得分最高，为1.917；其次为海南省与山东省，分别为0.136与0.100；余下6省因子得分均小于0，得分最低省份为河南。2011年，湖北省因子得分高于辽宁省0.372，为1.488，其他省份因子得分除山东省稍高于0，其余6省均低于0；2012年，河南省因子得分最高，为0.999，辽宁省继续下降至0.772，黑龙江首次超过0，包括山东和湖北省内的6省因子得分均小于0；2013年，河南省继续保持首位，辽宁省次之，因子得分分别为0.936与0.730，河北省得分0.121，其余6省均小于0。

可以看出，辽宁、山东、内蒙古特扶政策因子得分逐年下降，说明三省特扶政策实施力度的加大不如其他省份；河南省在 2012—2013 年因子得分超过辽宁省至首位，说明河南省在 2012—2013 年加大了对计生家庭特别扶助政策的实施，并且实施力度强于其他省份；湖北省因为先于其他省份加大计生家庭政策实施，所以在 2011 年因子得分居首，随后两年因子得分的回落是由于其他省份依次加大了对计生家庭的特别扶助，而湖北省对计生家庭特别扶助呈平稳态势。

综上所述，根据各地特扶政策实施力度因子得分的大小，可以得出：不同年份各省份因子得分的不同，正是各省份对计生家庭特扶力度的反映。例如：辽宁省因子得分始终居于前列，表明辽宁省政府对计生家庭特扶力度较其他省份更大且政策实施稳定。同时，每年不同省份因子得分的排序变动，是各省对计生家庭特别扶助政策实施力度大小的反映。大部分省份政策实施力度因子得分低于 0，说明大部分省份政策实施力度不够。

表 6-3　　　　　各省特扶政策实施力度因子得分（2010—2013 年）

省份	2010 年	2011 年	2012 年	2013 年
辽宁	1.917	1.116	0.772	0.730
山东	0.100	0.002	−0.003	−0.067
黑龙江	−0.203	−0.067	0.034	−0.021
湖北	−0.128	1.488	−0.049	−0.112
吉林	−0.336	−0.196	−0.138	−0.207
河北	−0.216	−0.338	−0.356	0.121
河南	−0.706	−0.639	0.999	0.936
内蒙古	−0.564	−0.697	−0.726	−0.790
海南	0.136	−0.669	−0.533	−0.592

各省在对计生特殊困难家庭帮扶力度的不同，导致了各省计生特殊困难家庭发展能力建设的差异以及计生特殊困难家庭抵御风险能力的不同。但是各省政策实施力度的大小不同，与其计生利益导向政策投入主体不合理、政策保障不强、补偿和奖励标准低、财政投入不足等各种因素是分不开的。

三、特扶政策实施力度分地区分析

如表 6-4，2010 年，东部地区特扶金支出总额 9471.6 万元，中部地区特扶金支出总额 8391.43 万元，西部地区特扶金总额 497 万元，至 2013 年，三个地区对计生特殊困难家庭的支出总额分别达到 19575.38 万元、19932.74 万元和 1148 万元。其中，从 2011 年至 2012 年，各地区对计生特殊困难家庭扶助力度较其他年份更大，各地区特扶金均出现较大幅度的增长。

再分地区对他们计生特殊困难家庭特扶金年均增长率进行比较，中部地区年均增长率最高，为 0.33；西部居中，为 0.32；东部最低，为 0.27。其中东西部地区增长率高于全国平均水平，东部地区比全国平均水平低 0.03。

综上所述，不同地区对计生特殊困难家庭特扶金扶助年均增长率的差异，表明中部地区对计生特殊困难家庭的特扶金扶助增长最快，西部居中，东部最慢。高达 0.30 的年均增长率，表明各地区对计生特殊困难家庭的特扶金支出增加较快，实现了 4 年间特扶金支出总额的翻倍增长。

表 6-4   **各地区特扶金序列图（2010—2013 年）**   单位：万元

地区[①]	2010 年	2011 年	2012 年	2013 年	年均增长率
东部	9471.6	10777.91	16005.41	19575.38	0.27
中部	8391.43	10529.06	17276.05	19932.74	0.33
西部	497	588	992	1148	0.32
全国	18360	21894.97	34273.46	40656.12	0.30

从表 6-5 可以看出，东部地区特扶人数从 2010 年的 81452 人增加至 2013 年的 122298 人；中部地区的特扶人数从 2010 年的 76802 人增加至 2013 年的 118967 人；西部地区的特扶人数从 2010 年的 4380 人增加至 2013 年的 7370 人，各地区受政府特扶帮助的人数在逐年上升。从年均增长率来看，西部地区特扶人数年均增长率最高，为 0.19；中部地区次之，为 0.16；东部地区与全国特扶人数年均增长率持平，为 0.15。

各地区特扶人数的增加以及年均增长率显著大于零，既可能是各地区对计生特殊困难家庭的帮扶力度的增加，也可能是地区计生家庭风险的加大，抑或是二者共同作用的结果。

其中张必春、江立华（2012）指出丧失独生子女的父母面临着"三重困境"。第

---

① 其中东部地区包括：辽宁省、山东省、河北省与海南省；中部地区包括：吉林省、黑龙江省、湖北省与河南省；西部地区包括内蒙古自治区。

一是面临双重排斥与丧失独生子女父母的人际交往困境，所谓双重排斥，指的是丧失独生子女父母主动和被动地交往排斥。第二是面临丧失独生子女父母的组织化过程与"群体融入困境"。第三是非深度回应与丧失独生子女父母的组织合法化困境。这些困境涵盖了"失独"父母从心理、社会认同到社会诉求及其回应等在内的各个方面的困难。在这些困难的挤压之下，与其他社会群体相比，"失独"父母具有下列显著特征：生活上丧失信心与希望，工作上缺乏激情与动力，心理上极度敏感与脆弱，利益表达和实现上的边缘性。

所以无论如何，利益导向政策向综合治理的转变都是我国人口政策实施的基础，也是保障我国计生家庭利益的必需。

表6-5 各地区特扶人数序列图（2010—2013年）

地区	2010 年	2011 年	2012 年	2013 年	年均增长率
东部	81452	92577	106338	122298	0.15
中部	76082	86443	103346	118967	0.16
西部	4380	5113	6327	7370	0.19
全国	161914	184133	216011	248635	0.15

由表6-6可以得出，从2010—2013年，东部、中部、西部地区对计生家庭的人均特扶金呈现逐年上升趋势，增长幅度不一，其中西部地区增加最少，东部次之，中部最大。从不同年份具体来看，2010—2011年，中部地区人均特扶金从1102.95元增加至1208.04元，西部地区增加15.31元/人，东部基本保持不变；2011—2012年，各地区均呈现较大程度的增加，东部地区由1164.21元/人增加至1505.14元/人，中部地区由1218.04元/人增加至1671.67元/人，西部地区由1150.01元/人增加至1567.88元/人；而至2013年，除东部地区继续增加95.49元/人外，中部地区基本保持不变，而西部地区略有下降。

与全国平均水平相比较，2010年，东西部地区计生家庭人均特扶金均在全国平均水平以上，而中部处于全国平均水平以下。而自2011—2013年，由于中部地区计生家庭人均特扶金年均增长率（0.15）较高于东西部地区年均增长率（0.11），其计生家庭人均特扶金一直高于东西部地区，东西部地区则低于全国平均水平。

综上所述，各地区对计生特殊困难家庭扶助力度的上升，说明各地区政府对计生特殊困难家庭的政策倾斜在不断加大。其中中部地区对计生特殊困难家庭扶助力度稍强于东西部地区，西部地区扶助力度最弱，但各地区人均特扶金差异却不太显著，说明了国家对计生特殊困难家庭的帮扶力度不因地区的不同而呈现差异性。

表 6-6 各地区人均特扶金序列图（2010—2013 年）

地区	2010 年	2011 年	2012 年	2013 年	年均增长率
东部	1162.84	1164.21	1505.14	1600.63	0.11
中部	1102.95	1218.04	1671.67	1675.48	0.15
西部	1134.70	1150.01	1567.88	1557.67	0.11
全国	1133.94	1189.08	1586.65	1635.17	0.13

分析表 6-7 可以得出，各地区特扶政策因子得分均从 2010 年的 -1 左右增加至 2013 年的 1 左右。各地区因子得分逐年增加，其中 2011—2012 年增加最为明显，各地区约增加 1.2，其余年份各地区均增加约 0.6。

以全国特扶政策因子得分为依据，对比各地区特扶政策因子得分。2010 年，东西部地区因子得分高于全国，中部比全国低 0.04；2011 年，中部地区因子得分最高，东西部地区低于全国水平；2012 年，各地区因子得分为正数，其中仅东部地区低于全国水平；2013 年，东部地区因子得分最高，而中西部因子得分较全国因子得分低 0.055 左右。

结合上文可知，各地区因子得分基本与各地区计生特殊困难家庭特扶金扶助以及特扶人数情况相吻合。其中，2010 年，中部地区人均特扶金额明显低于东西部地区。而到 2011 年，不论是特扶金支出的增加，还是特扶人数的增加，中部地区的政策实施力度的加大均高于东西部地区。随着全国特扶政策实施力度的加大，各地区特扶政策因子得分均大于 0，但明显中西部地区政策实施力度强于东部地区。直到 2013 年，东部地区实现因子得分的反超，正是其政策实施力度加大的体现。

不同年份各地区政策因子得分的变化，是地区对计生特殊困难家庭扶助力度情况的具体体现。其中不同地区对计生特殊困难家庭扶助力度的加大发生在不同时间，同一地区在不同年份对计生特殊困难家庭扶助力度的加大也不尽相同。但从全国特扶政策实施力度因子得分而言，我们可以得出政府对特殊困难家庭的扶助力度趋于增强，地区之间的差异也较小。

表 6-7　　　　　　各地区特扶政策实施力度因子得分（2010—2013 年）

地区	2010 年	2011 年	2012 年	2013 年
东部	−0.97	−0.65	0.48	1.14
中部	−1.06	−0.59	0.61	1.03
西部	−0.99	−0.68	0.64	1.02
全国	−1.02	−0.62	0.56	1.08

四、特扶资金的经济效应

以本文第四章奖扶资金经济效应为基础，研究特扶金对家庭收入的贡献率。其中以特扶金与人均净收入的比值反映特扶金对家庭收入的贡献率，即特扶金占人均收入的比重越大，说明特扶金能有效缓解计生家庭的预算约束，解决他们的一部分经济困难，提高特扶金效用水平；反之，特扶金占人均净收入的比重越小，其效用水平越低。下文将分别从省和地区的角度对特扶金的经济效应进行分析。

（一）特扶金经济效应分省比较

具体年份来看（表 6-8），从 2010 年至 2011 年，除湖北省外，其他省份人均特扶金占人均净收入比重是下降；而 2011 年至 2012 年，情况恰恰相反，其余各省人均特扶金占人均净收入比重上升，湖北省下降；2012—2013 年间，除河北省外，其他各省份人均特扶金占人均净收入比重均呈下降趋势。整体而言，河北、河南与海南省特扶金对家庭收入的贡献率增大，其余六个省份特扶金对家庭收入的贡献率均在不同程度上减少。可能原因是：河北、河南与海南三省的人均可支配收入在九省中一直处于中等偏下水平，而伴随着三省政府对特殊困难计生家庭扶助力度的加大，其增幅大于可支配收入增幅，自然特扶金贡献率整体呈现上升。

表 6-8　　　　　　各省份人均特扶金占人均净收入比重（%）

省份	2010 年	2011 年	2012 年	2013 年
河北	6.90	6.14	7.41	9.08
内蒙古	6.41	5.64	6.77	6.11
辽宁	6.77	5.86	6.37	5.80
吉林	7.12	6.17	7.39	6.71

省份	2010 年	2011 年	2012 年	2013 年
黑龙江	7.94	7.00	8.40	7.63
山东	5.63	4.94	5.95	5.43
河南	6.94	6.08	14.68	13.44
湖北	6.92	8.30	7.06	6.38
海南	7.70	6.53	9.18	8.37

(二)特扶金经济效应分地区比较

从下表(表6-9)可知,各地区人均特扶金占人均净收入比重呈现先下降后上升再下降的"波浪式"发展态势。分地区来看,中部地区人均特扶金占人均净收入比重一直最高,西部地区除2012年略高于东部地区外,其比重基本一直处于最低水平。将各地区分别与全国平均水平相比,发现中部地区比重高于全国平均水平,东西部地区比值一直低于全国平均水平。

综上,随着各地区特扶金的不断变化,特扶金占人均净收入比重也产生相应变化,特扶金对家庭收入的贡献率随之呈现先下降后上升再下降的变动趋势。同时,中部地区特扶金对家庭的贡献率高于东西部地区,可以看出东西部地区对计生特殊困难家庭特扶政策实施力度弱于中部地区。

表6-9　　　　　　　　　**各地区人均特扶金占人均净收入比重(%)**

地区	2010 年	2011 年	2012 年	2013 年
东部	6.69	5.83	6.66	6.44
中部	7.20	6.95	8.44	7.69
西部	6.41	5.64	6.77	6.11
全国	6.87	6.28	7.41	6.94

在当前,全国各地区特扶政策实施力度强度普遍欠缺,这与我国特别扶助工作存在的问题有关,主要有以下几个方面:

1. 顶层设计不够完善

(1)从法律、法规层面上看,对于特别扶助制度还没有明确的法律界定。目前实施的《人口与计划生育法》第二十七条第三款规定:"独生子女发生意外伤残、死亡，其父母不再生育和收养子女的，地方人民政府应当给予必要的帮助。"第二十八条规定："地方各级人民政府对农村实行计划生育的家庭发展经济，给予资金、技术、培训等方面的支持、优惠；对实行计划生育的贫困家庭，在扶贫贷款、以工代赈、扶贫项目和社会救济等方面给予优先照顾。"《福建省人口和计划生育》第四十一条第二款规定："独生子女死亡、伤残后未再生育且未收养子女的夫妻，由县（市、区）人民政府按照国家和本省有关规定，发放特别扶助金。有条件的地方应当适当提高扶助标准。"第四十一条第三款指出："独生子女死亡、伤残的夫妻和因计划生育手术引起并发症的人员，由市、县人民政府按照本省有关规定为其代缴养老保险费。"第四十二条中明确规定："生育独生子女和农村生育两个女孩的家庭，遭遇家庭成员死亡、伤残或者重大疾病的，按照本省有关规定给予补助。"上述这些法律、法规对计划生育家庭特别扶助制度的定义还不是很明确，对于以后涉及人口计生法律、法规的修改还需进一步明确和加强。

（2）特别扶助制度缺乏连续的制度设计。虽然 2007 年 8 月国家人口计生委、财政部联合印发了《全国独生子女伤残死亡家庭扶助制度试点方案》[1]，该方案强调："建立和实施独生子女伤残死亡家庭扶助制度，是我国人口和计划生育政策的完善和发展，是解决独生子女家庭实际困难，稳定低生育水平，促进社会主义和谐社会建设的一项重要举措。"但纵观计划生育家庭特别扶助制度的发展历程，可以发现缺乏明显具体、且一以贯之的制度设计。比如说，2013 年 7 月，国家卫生计生委在《关于深入开展创建幸福家庭活动的通知》[2]中指出："着力解决独生子女伤残家庭现实困难，为其提供生产帮扶、经济补助、志愿服务、精神慰藉、临终关怀等支持。"但在基层人口计生部门的实际工作中，现在最能表现出实际效果的只能靠财政投入来完成对独生子女伤残死亡家庭的经济补助，而通过部门配合为特扶家庭提供生产帮扶、志愿服务只是在个别部门、个别领域取得较好的效果，在精神慰藉、临终关怀等方面还处于空白。

2. 缺乏动态的特别扶助金标准调整机制

由于尚未建立计划生育政策奖扶相关的动态调整机制，计划生育经费奖励所起到的导向、激励作用正在逐渐减弱。在独生子女政策面临着奖励额度低而造成低激励作用的同时，伴随着价格指数及消费水平的上涨，计划生育家庭特别扶助金也产

---

[1]　国家人口和计划生育委员会、财政部文件关于印发全国独生子女伤残死亡家庭扶助制度试点方案的通知（国人口发[2007]78 号）。

[2]　国家卫生计生委关于深入开展创建幸福家庭活动的通知（国卫家庭发[2013]5 号）。

生了边际效用递减现象。

3. 特扶与普惠政策之间缺乏完善的统筹与衔接机制

计划生育家庭特别扶助制度与相关惠民政策之间缺乏良好统筹与衔接，导致其产生一定"逆向"作用。近年来，作为改善民生的重要举措，国家出台了一系列惠民政策，大致可以分为授利于民、造福于民、方便于民三个类别，分别对应了农民增收、改善公共服务和社会管理三个方面①。目前无论是资格确认或是享受标准，推行的新农合、新农保、义务教育"两免一补"等惠民政策都以"人头"为计算单位，这意味着家里多一个人就多一份补偿，即使是违反计生政策的家庭照样可以享受政策实惠，而独生子女家庭非但没有因实行计划生育享受优先优惠或者区别对待，反而因人口少、负担轻而不符合相关条件。从而在社会上产生了"多生多受益，少生少收益"的"逆向"激励现象②，一定程度上弱化了特扶制度的功能。

4. 计划生育家庭特别扶助条件过高

(1)计划生育家庭特别扶助制度受益对象的确定规范性不强，操作程序繁琐。计划生育家庭特别扶助金对象的确认一般要经过以下六道程序：①本人自愿申请，提交相关证明材料并签订相关协议书；②村民委员会评议并张榜公示；③乡(镇)人民政府、街道办事处初审并张榜公示；④县(市、区)人口计生行政部门审核、确认并公布；⑤省、市人口计生行政部门备案、核查；⑥县(市、区)人口计生行政部门年审。申报程序的繁琐在相当程度上影响了计生对象申请特别扶助的积极性。

(2)部分人员未纳入计划生育家庭特别扶助制度受益对象。一些因生理原因或其他原因未能生育的人，在客观上对国家控制人口、稳定低生育水平作出了积极贡献，实践中这部分人员也具有强烈的要求，但特别扶助制度的全称为"独生子女伤残死亡家庭扶助制度"，明确为只生育一个子女或合法收养一个子女，按现行特别扶助政策这部分人员不能享受扶助。

(3)特扶对象满49周岁的年龄限制过严，导致扶助面过窄。从生理机能的角度分析，发现如果独生子女在母亲45岁以后死亡的，再生育的几率只有15%左右；然而如果是独生子女伤残又不符合再生育的父母，他们所要承担的经济和精神压力比老年丧子要大几倍。

---

① 尹德挺. 惠民背景下农村计生政策面临的困境与出路[J]. 新视野，2008(4).

② 农工党中央专题调研课题组. 进一步完善计划生育利益导向政策体系建设[J]. 前进论坛，2011(2).

国家人口计生委《人口和计划生育事业发展"十二五"规划》提出"加大利益导向。进一步完善以计划生育家庭奖励扶助制度、'少生快富'工程和特别扶助制度为主的优先优惠政策体系，扩大奖扶对象范围、提高奖励扶助标准并建立动态调整机制。""积极探索为独生子女父母、无子女和失能老人等特殊老年群体提供必要的养老服务补贴和老年护理补贴。广泛开展计划生育家庭特别扶助对象养老关怀行动。"2013年6月，国务院办公厅印发了《国家卫生和计划生育委员会主要职责内设机构和人员编制规定》设立计划生育家庭发展司，主要负责促进计划生育家庭发展建设和有关奖扶落实。该机构的设立标志着国家卫生计生委进一步加强计生奖扶措施，特别扶助制度将成为国家卫生计生委的重要职能之一。如何完善计划生育家庭特别扶助制度，充分发挥特别扶助制度的作用成为了日后工作重点之一①。

实施计划生育的家庭，为整个国家的利益牺牲了自己的利益，也由此带来了一系列生产、生活、养老照顾上的困难。国家有责任对牺牲个人利益的计生家庭给予贡献补偿，提供必要的奖励扶助、特别扶助等措施，而从目前的补偿情况来看，我国现有的计划生育利益导向政策的价值取向带有补偿性的作用。目前，计划生育家庭实施的救助和补偿，虽然可以维持其基本的生活，但无法帮助计生家庭解决生活中的各种困难问题。在当前人口均衡发展视角下，为了能使计生家庭真正摆脱贫困，计划生育利益导向政策在价值取向上应由补偿型社会政策向发展型社会政策转变。

---

① 王洪龙. 计划生育家庭特别扶助制度研究［D］. 华侨大学硕士论文，2013年.

第七章　其他利益导向政策实施效果分析

第一节　独生子女保健费制度评估

一、独生子女保健费制度评估基础

(一)独生子女保健费制度界定

1. 居民独生子女保健费制度界定

独生子女保健费制度指对终身自愿只生育一个子女并领取了《独生子女父母光荣证》的夫妻在独生子女年满一定周岁前给予一定数额金钱奖励的制度。独生子女保健费制度是较早实行的计划生育利益导向政策之一，主要用作独生子女发生意外事故或疾病时的保健金，对提高儿童身体素质具有一定作用。到 20 世纪 80 年代末，一些学者及基层计划生育工作者认为"独生子女保健费"称呼有失偏颇，因为实行计划生育政策的对象是独生子女父母，做出牺牲贡献的也是他们，因此，这种奖励金的享受对象应该是独生子女父母。根据现有文献，从 1989 年起，一些地方开始把独生子女保健费改称为独生子女父母奖励金，虽然称呼发生了改变，但这笔资金的用途及发放内容、作用未变，还是主要用作儿童保健费。

作为一项重要的奖励制度，独生子女保健费的产生有特定的历史渊源。改革开放后，我国人口迅速膨胀，到 1979 年底，全国人口已达到 9.7 亿，在 1980 年新华社公布的《中国人口发展百年预报》中提出，如果按当时的生育水平延续下去，2000 年中国人口要超过 14 亿，2050 年将达到 40 亿，这一预测引起了极大震动和中央领导人的关注。1980 年 9 月召开的中国人大三次会议上确立了 20 世纪末将人口控制在 12 亿以内的奋斗目标，因此在 1980 年后我国的人口政策骤然收紧，由"晚、稀、少"转变为"一胎化"。

为贯彻落实"一胎化"这一政策，我国还出台了一系列针对独生子女家庭的配套奖励措施，独生子女保健费政策就是其中重要一项。从 1982 年开始，全国各地根据中共中央、国务院下发的《关于进一步做好计划生育工作的指示》中有关"发给独生子女保健费，由夫妇双方所在单位各负担百分之五十"的意见，制定了每月 5 元独生子女保健费的奖励规定。相较于强制性的限制生育政策，独生子女保健费政策强调补偿性，主要通过对只生一个孩子的家庭在孩子成长过程中面临的不幸伤残给予补偿的方式来引导人们按照生育政策的要求安排自己的生育行为。

2. 流动人口独生子女保健费制度界定

为了提高流动人口的计划生育工作效率，维护流动人口的合法权益，2009 年 10 月 1 日起施行《流动人口计划生育工作条例》，但该条例并未明确规定流动人口是在户籍所在地或现居住地领取独生子女保健费。针对流动人口的计生奖励，各地的相关规定各不相同，如北京市对于流动人口计划生育规定仅提及"为本市外出成年流动人口办理《婚育证明》，落实计划生育奖励政策"，并未将外来流动人口的独生子女奖励包括在内。但上海市《流动人口计划生育工作规定》指出，"用人单位应当接受所在地的区(县)人口计生部门和乡(镇)人民政府或者街道办事处的指导、监督和检查，依法落实流动人口计划生育奖励、优待"，明确了用人单位对发放流动人口独生子女保健费的责任，但规定仍未对流动人口的情况进行区分，作出详细具体的说明。还有大部分地区未将流动人口的计划生育管理费和服务费纳入本地的财政预算，导致许多流动人口拿不到独生子女奖励费。

(二)独生子女保健费制度资金来源

财政部和人口计生委在《关于完善人口和计划生育投入保障机制的意见》具体规定，国家公务员的独生子女父母奖励费从财政部门核拨的行政运行经费中列支；事业单位工作人员的独生子女父母奖励费从事业单位经费中列支；企业发放给职工的独生子女父母奖励费由企业负担，在企业福利费中列支，并可按规定予以税前扣除；农村居民以及城镇非从业居民的独生子女父母奖励费纳入地方财政预算予以保障，中央财政对困难地区的农村居民独生子女父母奖励费给予适当补助。因此，独生子女保健费的资金来源主要有财政资金和企业收入，财政资金中不同省份各级地方政府承担的财政比例不同，例如福建省省、市、县级财政各按 15%、15%、70% 进行分担；宁夏回族自治区的独生子女保健费发放管理办法中提出，市辖区发放的保健费分别由自治区、市、市辖区财政按 50%、20%、30% 的比例分级承担，各县(市)发放的独生子女保健费，由自治区和县级财政各承担 50%；云南省则做了区分性规定，属国家和省级扶贫开发重点县，省财政承担 80%，地县财政承担 20%，非扶贫开发重点县，省财政承担 50%，地县财政承担 50%。2001 年，《中华人民共和国人口与计划生育法》颁布后，许多省份对《人口与计划生育条例》进行修订，设立人口与计划生育奖励专项经费,经费来源除政府拨款外,还可通过社会捐助和社会抚养费等渠道筹措,主要用于奖励独生子女家庭。《人口与计划生育条例》对具体的经费发放也有明确规定,夫妻双方有工作单位的,由所在单位各负担百分之五十,一方有工作单位,另一方没有工作单位的,由有工作单位的一方单位全额负担;夫妻双方为农村居民、城镇无业居民或者个体工商户的,由户籍所在地乡(镇)人民政府或者街道办事处组织发放,从计生奖励专项经费中列支,所需费用纳入地方财政预算。此外,部分省份根据自身情况对独生子女保健费的资金来源作了政策上的调整,例如在 2008 年 9 月 1 日之前,湖北省的个体工商户的独生子女保健费须从工商户管理费中支出,2008 年之后由乡(镇)人民政府或者街道办事处发放,农村居民和城镇无业居民的独生子女保健费在纳入财政预算之前主要从所属的村委会集体收入中列支,特别困难的农村还以抵扣提留,优先安排到乡镇企业帮助致富的方式作为独生子女保健费。

(三)独生子女保健费制度实施现状和历史沿革

1. 独生子女保健费制度实施现状

根据《中华人民共和国人口和计划生育法》规定,获得《独生子女父母光荣证》的夫妻,按照国家和省、自治区、直辖市有关规定享受独生子女父母奖励。因此,不同地区的独生子女保健费(独生子女奖励金)政策存在差异,主要体现在年龄限制和奖励金额的差异。本书根据我国 31 个省、自治区和直辖市(未含港澳台地区)2014 年最新修订的《人口与计划生育条例》对独生子女保健费的奖励条件和政策进行了归纳汇总,以便更直观地观察该政策的地区间差异。

表 7-1 各省区独生子女保健费政策

地区	奖励条件	奖励金额
北京、河北、吉林、黑龙江、河南、四川	领取"光荣证"起至独生子女年满 18 周岁	5~10 元/月或 >10 元/月或>20 元/月
上海、甘肃	领取"光荣证"起至独生子女年满 16 周岁	>10 元/月或>20 元/月
江西、浙江、江苏、山东、天津、内蒙古(非独女户)	领取"光荣证"起至独生子女年满 14 周岁	5~20 元/月
江苏	领取"光荣证"起至独生子女年满 14 周岁	>40 元/年或一次性奖励

地区	奖励条件	奖励金额
内蒙古（农牧民独女户）	领取"光荣证"起至独生子女年满 14 周岁	>20 元/月
辽宁	自愿领取"光荣证"起至独生子女年满 18 岁、领取"光荣证"起至父母年满 60 周岁	>10 元/月或一次性奖励 2000 元
湖北	领取"光荣证"起至独生子女年满 14 周岁	>10 元/月或一次性奖励> 1500 元
重庆	领取"光荣证"起至独生子女年满 14 周岁	2.5~5 元/月或一次性奖励 300 元
福建	领取光荣证（14 周岁之前可领取）	一次性奖励>1000 元
山西	领取"光荣证"起至独生子女年满 16 周岁（非农业人口）、独生子女父母领证起至 60 周岁（农业人口）	>100 元/月
海南	领取"光荣证"起至独生子女年满 18 周岁	>100 元/月
陕西	领取"光荣证"起至 16 周岁	>10 元/月或办理独生子女人身健康保险
广西	领取"光荣证"至子女年满 18 周岁	120 元/年
宁夏、云南、湖南、广东（城镇居民）	领取"光荣证"至子女年满 14 周岁	12 元/月或 >10 元/月或 5~20 元/月
广东农村居民	领取"光荣证"起至独生子女年满 14 周岁	给予奖励或办理养老保险
青海	领取"光荣证"至子女年满 14 周岁	10 元/月（城镇家庭）、3000 元
新疆、安徽	领取"光荣证"起至 16 周岁	一次性奖励（农牧民家庭）>10 元/月、20 元/月
西藏	领取"光荣证"至子女年满 14 周岁	5 元/月保健费并在办证时一次性奖励 50 元
贵州	领取"光荣证"至子女年满 14 周岁	>5 元/月保健费或一次性奖励 100~500 元

从 2014 年各省、自治区、直辖市的独生子女保健费政策来看，年龄限制主要分布在 14 岁、16 岁和 18 岁三个年龄段。发放方式包括按月发放、按年发放和一

次性奖励，一次性奖励根据发放时间又可分为领证时一次性发放和达到一定年龄一次性发放。不同的发放方式各有利弊，对于按月发放和按年发放可以让领取独生子女光荣证的家庭得到现实的利益，利于引导生育行为，但发放成本较高；一次性奖励的发放成本低，若领证时获得一次性奖励，则存在领证家庭领取奖励费后又生育子女，奖励费无法追回的风险；若子女达一定年龄领取一次性奖励，独生子女家庭基于预期获得利益的周期太长，对生育行为的引导作用可能被削弱，但保证了独生子女父母奖励金真正发到了目标家庭手中。

各地区根据自身的人口发展状况制定了不同的奖励标准，大部分地区的独生子女保健费（独生子女父母奖励金）不超过每月20元，但山西省和海南省的奖励标准不少于每月100元远高出其他省份和地区，主要是由于这两个省份的人口出生率较高，2014年的全国人口抽样调查显示海南和山西的人口出生率分别为14.59和10.81。此外，还有一些省份将独生子女保健费政策与其他社会保障政策结合，进行了政策上的创新。例如广东省针对农村居民，给予了在独生子女保健费和养老保险间选择的权利，陕西省则允许独生子女父母自由选择保健费或子女人身健康保险，拓展了独生子女保健费的形式，在发挥保障作用的同时，不拘泥于现金奖励的形式。还有部分地区拓展了独生子女保健费发挥作用的空间，例如北京市规定"女职工除享受基本的婚假和产假及晚婚晚育的奖励假外，经所在单位批准，可以增加产假三个月，但减免三年独生子女父母奖励费。"这些实施方式上的创新使得独生子女保健费政策更加灵活，实施效果更好。

2. 独生子女保健费制度历史沿革

随着经济发展阶段的变化和人口再生产类型的转变，许多地区结合实际状况对独生子女保健费政策进行了适应性调整，以契合人口的长期均衡发展。表7-2根据可搜集到的资料，列出了部分省份独生子女保健费政策的发展演化。

表7-2　　　　　　部分省、直辖市独生子女保健费制度历史沿革

地区	年份	年龄	奖励金额
山西	1990—1998	领取"光荣证"～14周岁	一定金额，农村可采取减少集体提留和帮助致富的方式
	1999—2007	领取"光荣证"～16周岁	>20元/月
	2008—至今	农业人口60周岁，非农业人口到独生子女16周岁	>100元/月

续表

地区	年份	年龄	奖励金额
海南	1989	领取"光荣证"~14 周岁	至少一方是国家干部、职工，10 元/月
	1995	领取"光荣证"~14 周岁	至少一方是国家干部、职工，20~30 元/月
	2003	领取"光荣证"~18 周岁	>30 元/月
	2014—至今	领取"光荣证"~18 周岁	100 元/月
上海	1990	领取"光荣证"~16 周岁	一定金额
	2011	领取"光荣证"~16 周岁	2.5 元/月
	2014—至今	领取"光荣证"~16 周岁	一定金额
天津	1988	领取"光荣证"~14 周岁	一定金额
	1997	领取"光荣证"~14 周岁	一定金额
	2003—至今	领取"光荣证"~14 周岁	10 元/月
湖北	1991	领取"光荣证"~14 周岁	4 元/月
	2002—至今	领取"光荣证"~14 周岁	10 元/月或>1500 元的一次性奖励

从部分省份独生子女保健费(独生子女父母奖励金)的历史沿革来看，分为几种不同的情况，部分省份奖励条件中年龄限制和奖励金额都有较大幅度地提高，最为显著的是海南省，领取奖励费的年龄限制从 14 岁提高到 18 岁，奖励金额也从每月 10 元提高到每月 100 元，这也在山西省的政策变革中得到体现，还有部分经济发达地区的独生子女保健费政策相对稳定(如上海)。

二、独生子女保健费制度评估内容

独生子女保健费制度是较早实行的计划生育利益导向政策之一，本书将从价值、效果和执行三个方面对该制度实施 30 多年来的情况进行评估，并提出相应建议。

(一)独生子女保健费制度的价值评估

价值评估指评估独生子女保健费制度是否起到正确的价值导向，包括相关性评估和公平性评估。其中相关性评估指评估独生子女保健费制度是否满足儿童在健康方面最迫切的需求，公平性评估指评估同样享受独生子女保健费制度的儿童是否享有同等的健康权益。

1. 没有关注儿童的出生缺陷

独生子女保健费的用途是提高儿童健康水平，直接作用群体是儿童。然而独生子女保健费制度的目标群体是夫妻，直接作用群体和目标群体的不一致使得夫妻只有在生育子女后才能领到这笔钱用于儿童健康，导致夫妻对子女活产前的健康关注较少，而这才是当前儿童健康方面最迫切的需求。

儿童健康包括儿童保健、儿童营养和出生缺陷等方面。得益于当前不断完善的儿童保健政策，尤其是0~14周岁的儿童计划免疫措施的实施，和国家对儿童营养的重视，我国儿童保健水平和营养水平得到了极大的提升，但出生缺陷没有得到足够的重视。儿童保健方面，从1991年到2012年间，我国婴儿死亡率和5岁以下儿童死亡率分别由每千活产50.2例和61例死亡下降到10.3例和13.2例死亡[1]。2012年我国婴儿死亡率和5岁以下儿童死亡率低于同年巴西的每千活产13例和15例死亡的水平，略高于美国每千活产6例和7例死亡的水平[2]，接近发达国家的水平。儿童营养方面，从1992年到2010年间，5岁以下儿童营养不良发生率由14.2%下降到3.4%。2010年我国5岁以下儿童营养不良发生率接近同年欧洲和中亚的平均水平2.2%[3]。然而在出生缺陷方面，当前我国出生缺陷总发生率不但呈上升趋势，而且水平与国家的经济地位不相匹配。1996年到2011年间，我国围产期出生缺陷总发生率由87.67/万上升到的153.23/万，出生缺陷总发生率为5.6%，仅接近中等收入国家的平均水平[4]。降低出生缺陷是当前儿童健康最迫切的需求，但独生子女保健费由于只能生育子女后才能领取，没有对夫妻起到关注子女出生缺陷的导向作用。

2. 没有缩小城乡儿童的健康差距

由于城乡家庭经济基础的差异，城乡儿童的健康水平是有较大差异的，农村儿童比城市儿童有更高的健康需求，但当前城乡统一的独生子女保健费标准没有起到缩小城乡儿童健康水平差距的作用。2012年城市婴儿死亡率为每千活产5.2例死亡，农村为12.4例死亡，相当于城市2002年的水平；2012年城市5岁以下儿童死亡率为每千活产5.9例死亡，农村为16.2例死亡，相当于城市2001年的水平[5]。2013年农村儿童低体重率和生长迟缓率约为城市儿童的3~4倍[6]，营养状况明显不及城市儿童。农村儿童各项健康指标都低于城市儿童，急切需要提高健康水平，

① 数据来自《中国卫生统计年鉴2013》。
② 数据来自于世界卫生组织数据库。
③ 数据来自于世界银行数据库。
④ 数据来自于全国出生缺陷监测数据。
⑤ 数据来自2013年《中国卫生统计年鉴》。
⑥ 数据来自2014年2月10日卫生计生委介绍贫困地区儿童营养改善项目新闻发布会。

但城乡统一的保健费标准显然不利于缩小城乡儿童健康水平差距。

（二）独生子女保健费制度的效果评估

独生子女保健费制度的作用机制是通过给独生子女父母一定的金钱补偿，降低育龄群众对计生政策的抵触程度，提高独生子女的健康水平，引导育龄群众少生，因而独生子女保健制度的效果评估即为降低抵触度、提高健康水平和引导少生三个方面的评估。

1. 降低育龄群众对计生政策的抵触作用急遽下降

独生子女保健费制度确立之初，独生子女保健费在居民收入中占有较高比重，的确起到了补偿作用，降低了育龄群众对计生政策的抵触情绪。然而随着经济的发展，居民收入快速增加，尽管独生子女保健费相应若干次上调发放标准，但发放标准上调幅度远低于居民收入增长幅度，导致独生子女保健费在居民收入中的比重急遽降低。当前独生子女保健费在居民收入中的比重极低，只有微弱的补偿效果，对降低育龄群众对计生政策的抵触情绪也只能起到微弱的作用。

由于各省独生子女保健费发放标准略有差异，以湖北省为例。1979 年湖北省印发的《湖北省推行计划生育的试行规定》确立了独生子女保健费制度和发放标准每年 30~40 元，一共发放 14 年。1988 年《湖北省计划生育条例》出台时将发放标准调整为每年 48 元，1997 年修正的《湖北省计划生育条例》将发放标准调整为每年 96 元，2009 年修正的《湖北省计划生育条例》将发放标准调整为每年 120 元，2014 年修正的《湖北省计划生育条例》未调整发放标准仍为每年 120 元。在 1979 年到 2014 年间，尽管独生子女保健费发放标准由每年 30~40 元增长到每年 120 元，增长了约 3 倍，但同期农村居民人均纯收入由每年 157.77 元增长到每年 9882 元，增长了 61.6 倍，独生子女保健费在农村居民人均纯收入的比重由 22.18% 下降到 1.21%，下降了 94.54%；城市居民人均可支配收入由每年 459.85 元增长到 24973 元，增长了 53.3 倍，独生子女保健费在城镇居民可支配收入中的比重由 7.61% 下降到 0.48%，下降了 93.69%（见表 7-3）[1]。当前独生子女保健费约为农村居民收入的 1%，不到城镇居民收入的 0.5%，远不及制度确立之初在居民收入中的比重。

2. 提高独生子女健康水平的作用快速下降

在过去较长一段时间内，独生子女保健费不但可以完全支付独生子女每年的医疗保健支出，还有结余用于改善独生子女的营养状况，对提高独生子女健康水平起到了很大作用。然而随着社会的发展，居民对医疗保健日益关注，医疗保健支出逐

---

① 数据来自相应年份《湖北统计年鉴》，1979 年和 2014 年为推算数据。

年增长，当前独生子女保健费已经不足以支付独生子女每年的医疗保健支出，因而提高独生子女健康水平的作用下降到了一个较低水平。

表 7-3　　　　湖北独生子女保健费在标准调整年份在居民收入中的比重

	1979 年	1988 年	1997 年	2009 年	2014 年
独生子女保健费发放标准(元)	30~40	48	96	120	120
农村居民人均纯收入(元)	157.77	571.84	2102.2	5035.26	9882
独生子女保健费在农村居民人均收入中的比重(%)	22.18	8.39	4.56	2.38	1.21
城镇居民可支配收入(元)	459.85	1272	4673.15	14367	24973
独生子女保健费在城镇居民可支配收入中的比重(%)	7.61	3.77	2.05	0.83	0.48

仍以湖北省为例，由表 7-4 可以看出，独生子女保健费在居民医疗保健支出中的比重持续下降①。在 1997 年以前，独生子女保健费基本可以抵消独生子女每年的医疗保健费用，不需要独生子女父母再额外支付费用，但当前独生子女保健费只能抵消独生子女每年医疗保费费用的 1/10~1/8，对提高独生子女健康水平只能起到较小的作用。

表 7-4　　　湖北独生子女保健费在标准调整年份在居民医疗保健支出中的比重

	1979 年	1988 年	1997 年	2009 年	2014 年
独生子女保健费发放标准(元)	30~40	48	96	120	120
农村居民医疗保健支出(元)	7.85	19.0	105.1	236.31	899.21
独生子女保健费在农村居民医疗保健支出中的比重(%)	445.85	252.63	91.34	50.78	13.34
城镇居民医疗保健支出(元)	9.19	25.77	148.57	694.61	1257.21
独生子女保健费在城镇居民医疗保健支出中的比重(%)	380.84	186.26	64.16	17.27	9.54

---

① 数据来自《湖北统计年鉴》和《中国卫生统计年鉴》，1988 年为全国平均数据，1979 年和2014 年为推算数据。

3. 引导育龄群众少生自制度确立之初就不起作用

只生一个孩子，夫妻可以得到独生子女保健费作为补偿，在过去总计约 480 元，当前约 1680 元；生育两个孩子，夫妻可以得到来自二孩的感情慰藉和赡养费用作为额外收益，其中仅赡养费用每年就至少有数百元。因而补偿与收益相比始终是微不足道的，独生子女保健费制度自确立之初对引导育龄群众少生基本就没有起到作用。由表 7-5 可以看出，我国低生育水平的稳定主要来自于经济和社会发展对居民生育观念的转变和计划生育政策的严格执行，独生子女保健费制度基本不起作用①。

表 7-5　　湖北人均 GDP、人均受教育年限和计生手术比重在典型年份状况

	1991	1994	1997	2000	2003	2005	2007	2010
人均 GDP(元)	1587	3341	5899	6293	9011	11554	16386	27906
人均受教育年限(年)	6.44	6.79	7.22	7.76	7.92	7.82	8.42	9.01
计生手术比重(%)	87.67	94.52	94.97	94.66	94.04	92.71	92.31	91.8

注：计生手术比重指实施计划生育手术的育龄群众在总育龄群众中的比重。

(三)独生子女保健费制度的执行评估

由于独生子女保健费制度在设计时，未规定统一的资金来源渠道，依据人口计生工作"属地管理、单位负责"的管理原则，由单位承担落实所属人员计生奖励政策的责任，由于独生子女父母所处的单位不同，导致这一保障制度经费来源渠道及保障能力的不同。

对于党政机关、人民团体和事业单位，财政资金作为经费保障，这一政策得到了较好的落实；企业则由于经营状况不一，加之对这一政策存在理解或认识上的不足或偏差，使得部分企业的执行情况不尽如人意。市场化改革之前，我国实行计划经济体制，企业的形态以公有制企业为主，按计划组织生产，企业经营状况差别不大，加之独生子女少，这时期的企业大多较好地执行这一政策。市场化改革之后，国有企业的数量减少，非公有制企业的数量大幅增加，且经营状况出现分化，部分经营状况不好、政策认识不足的企业在落实独生子女保健费政策时不到位，出现逃避责任的情况。

---

① 数据来自《湖北统计年鉴》和《中国人口和计划生育年鉴》。

随着国有企业改革和市场经济改革的深入，企业人员分流，由"单位人"变成"社会人"，下岗职工、个体工商户和无固定职业居民增加，其独生子女保健费都纳入财政预算，由户籍所在的街道办事处组织发放，所在的街道办事处的政策执行情况决定了他们的保健费是否得到落实，一般经济条件较好的街道办事处落实得较好，而经济条件较差的街道办事处落实得较差。

农村独生子女保健费的经费一般从村集体收入中列支。在农村税费改革之前，村集体的收入是"三提五统"，村集体有一定的经济基础，并允许以独生子女奖励费冲抵提留，因此独生子女保健费政策得到较好地落实。但从2001年开始，中央逐步在部分省市试点、推广，对农村税费进行改革，包括"三取消、两调整、一改革"，村集体失去收入来源，收入减少但支出任务繁重的村，独生子女保健费政策未得到很好的落实。2006年之后，由于农村独生子女保健费政策的执行不到位，各地陆续将独生子女保健费纳入财政预算，独生子女保健费逐步得到落实。

执行评估指对独生子女保健费制度的落实情况和可持续性进行评估。可持续性评估包括从财政支出和政策导向两个方面进行评估。

1. 独生子女保健费由财政支出的落实较好，由企业支出的落实较差

独生子女保健费制度没有规定统一的资金来源渠道，根据独生子女父母所在单位或组织不同，政策落实程度有所差异。当前独生子女父母属于机关工作人员、城镇无业居民或农村居民，独生子女保健费由财政支付，落实较好；独生子女父母属于企业职工的，独生子女保健费由企业支付，落实较差。

以湖北省为例，独生子女父母是机关工作人员的，独生子女保健费基本全落实。独生子女父母是城镇无业居民和农村居民的，2007年以前独生子女保健费由居委会和村集体承担，落实情况较差，2007年落实率分别为46.7%和50.9%；2007年以后独生子女保健费由地方财政支付，2011年落实率分别提升到99.9%和95.9%。独生子女父母属于企业的，由于计划生育条例对拒不发放独生子女保健费的企业没有规定惩戒措施，落实情况一直较差。

2. 从财政支出来看，独生子女保健费具有可持续性

按照现行计划生育条例，独生子女保健费部分由财政支付，在湖北财政支付的部分采取县级财政负担为主的承担方式。由表7-6推算所得情况来看，在独生子女保健费标准以及地方财政收入正常增长的情况下，2012年财政支付的独生子女保健费约占地方财政收入的万分之五，2017年财政支付的独生子女保健费约占地方财政收入的万分之二，2022年财政支付的独生子女保健费约占地方财政收入的万分之一。独生子女保健费占地方财政收入较小，且比例逐年下降，政策在未来具有

可持续性。

　　具体测算方法为：根据历年独生子女保健费发放标准增长速度，假设独生子女保健费发放标准在 2017 年增长为 15 元每月，2022 年增长为 20 元每月；根据湖北"六普"数据，并假设每年出生的独生子女需要财政负担的比例等同于 2012 年的比例，测算 2017 年和 2022 年的需要财政负担的独生子女人数；根据湖北近 3 年地方财政收入最低增长速度，测算 2017 年和 2022 年的地方财政收入。

表 7-6　　　　　　　**2012—2022 年湖北独生子女保健费的财政支出情况**

	2012 年	2017 年	2022 年
独生子女保健费标准(元)	120	180	240
财政负担的独生子女人数(人)	665000	668967	681405
财政支出的独生子女保健费(万元)	7980	12041	16354
地方财政收入(亿元)	1692	5501	17892
独生子女保健费在地方财政收入的比重(%)	0.047%	0.022%	0.009%

　　3. 从政策导向来看，独生子女保健费面临变革

　　经过 30 多年的发展，出台独生子女保健费制度依据的时代背景已经与当前发生了巨大的改变，生育政策的导向也由鼓励少生向提倡按政策生育转变，这给独生子女保健费制度带来了变革的可能。独生子女保健费制度确立之初育龄群众生育意愿远高于生育政策规定的子女数，1982 年全国总和生育率为 2.86，相当一部分的育龄群众存在超生现象，因而国家出台独生子女保健费制度鼓励少生。然而随着经济社会的发展，当前育龄群众的生育意愿已经低于政策规定的子女数，2010 年全国总和生育率为 1.18，远低于同年全国政策生育率[①] 1.428，也就是说有相当部分符合二孩生育条件的育龄群众没有生二孩。考虑到当前极低生育水平，国家在 2013 年放开"单独"二孩政策提出按政策生育，倡导符合二孩政策的育龄群众生育二孩。那么在这种政策导向情况下，独生子女保健费制度已经显得不合时宜，需要变革。

　　三、完善独生子女保健费制度建议

　　相比独生子女保健费制度确立之初，当前经济社会发生了巨大变化。在这个变

---

①　政策生育率指育龄群众严格按照其符合的生育政策进行生育得出的生育率。

化过程中，已经实施 30 多年的独生子女保健费制度逐渐偏离了制度设计之初的本意。当前独生子女保健费制度陷入没有关注目前儿童健康最迫切的需求、政策效果基本不明显以及与当前政策导向不符合的困境，造成这种困境的根本原因是独生子女保健费制度兼具儿童政策和生育政策的双重政策设计导致政策作用群体和目标群体的不一致，从而限制了独生子女保健费制度在这个变化过程进行合乎时宜的变革。因而应该剥离独生子女保健费制度的生育政策属性，将其整合进当前的儿童政策，回归独生子女保健费制度降低子女成长风险的原本属性。这要求：

第一，政策内生育的子女均可享受保健费。凡是政策内生育的子女均应该享受这笔保健费用，降低每一个儿童的成长风险，平等对待每一个儿童是儿童政策的基本内涵。

第二，保健费主要以保险和基金的形式支付。保健费直接发给父母，容易异化保健费的真实用途，应该以儿童保险和少年成长基金的形式发放给每个儿童，才能真正发挥保健费的作用。

第三，适当提高发放标准，农村儿童标准应高于城市儿童。独生子女保健费不再是固定的标准，而是根据城乡差异，地区差异制订不同的标准。以当前标准为例，城市儿童应提升至 15 元每月的标准，农村一般儿童提高至 20 元每月的标准，农村贫困儿童提高至 25 元每月的标准。

第二节　独生子女中高考加分政策评估

一、独生子女中高考加分政策评估基础

(一)独生子女中高考加分政策界定

由于计划生育家庭响应了计生政策的号召，自愿少生孩子，将在一定程度上带来人力资本、经济创收、家庭保障上的损失，如何提供适当的补偿，在保证公平的前提下引导人们自发实行计划生育尤为重要。计划生育利益导向政策出台的动机旨在使少生的计划生育家庭得到补偿，使其感到与多生的非计划家庭相比没有区别，甚至得到更多的收益。其中提高计生家庭子女素质，使计生家庭得到更多收益，也是计划生育利益导向政策的目的之一。子女素质包括身体素质和文化素质，针对前者实施的就是独生子女保健费政策，主要通过物质奖励达到政策目标；针对后者实施的是独生子女中高考加分政策，是不同于物质奖励的教育政策优待。独生子女中高考加分政策指对户口为农业户，领取《独生子女光荣证》的独生子女、独生女或

双女结扎户在中高考时加分的政策。

改革开放 30 多年来，独生子女家庭为创造良好的人口环境、推动经济社会的良性发展做出了突出贡献，理应共享改革发展的成果。实施的各项计划生育利益导向政策主要为了让计生家庭得到实惠，但是部分农村地区由于经济落后，财政投入不足，导致法律法规规定的计划生育奖励优惠政策落实不到位，计生家庭未得到实质补偿。独生子女中高考加分政策正是在传统利益导向政策上的创新和突破，它的实施使对计生家庭的奖励不受到地方财力的约束，且同样起到正向引导生育行为的效果。独生子女中高考加分政策除了实现计划生育利益导向政策的补偿性目标外，还旨在调整人口性别比失衡问题，实现人口的长期均衡发展，主要体现在中高考加分政策限于独生女家庭。虽然伴随经济的发展，我国的人口环境有了很大改善，但部分地区受"养儿防老"、"重男轻女"、"传宗接代"等传统观念的影响，出生人口性别比失调问题仍然严峻，迫切需要采取更加有效的新举措和新方法，加强政策引导，在全社会进一步倡导男女平等的社会风气，引导群众树立新型的婚育观念，为农村独生女孩健康成长创造良好环境。而大部分独生子女中高考加分政策确定政策受惠对象为女孩，有益于提高女性的受教育水平和社会地位，进而对治理性别比失衡起到积极作用。

（二）独生子女中高考加分政策历史沿革

最早提倡在独生子女就学方面给予优先优惠政策的文件是 1980 年出台的《中共中央关于控制我国人口增长问题致全体共产党员、共青团员的公开信》，《公开信》中明确提出，"为了控制人口增长，党和政府已经决定采取一系列具体政策。在入托儿所、入学、就医、招工、招生、城市住房和农村住宅基地分配等方面，要照顾独生子女及其家庭"。文件颁布后，各省陆续出台了针对独生子女入学入托的优惠政策，包括减免独生子女入托费、减免计划生育子女学杂费、计划生育家庭升学奖励扶助金等。

同时，部分地区相继出台对独生子女中高考优先录取的规定，如湖北省委省政府在《关于全面加强人口和计划生育工作统筹解决人口问题的决定》中明确规定："对领取《独生子女父母光荣证》的独生子女参加中考的，同等条件下优先录取，参加高考的，省属院校录取时，在同等条件下优先录取"，但优先录取政策缺乏详细具体的规定，过于抽象，很难落实到位。在这一政策支持下，农村独生子女中高考加分政策是独生子女就学优惠政策的具体化，有助于这一政策的进一步落实。

（三）农村独生子女中高考加分政策实施现状

1. 农村独生子女中考加分政策实施现状

根据可搜查的资料信息，本书汇总了部分地区的中考加分政策。计划生育家庭中考加分政策主要是地方性法规，不同省份、不同地市间的加分政策都可能存在差异。部分省份对这一政策做了统一规定，如河北、河南、宁夏和山西，其他省份不同县市政策的具体规定存在差异，因此县市在中考加分政策的规定和实施上有很强的自主性。各地区独生子女中考加分政策的限定条件各不相同，包括户籍约束、计生家庭类型、是否领取光荣证、加分具体政策等，户籍条件既包含父母和子女均为农业户，也包括父母一方为农业户的家庭，计生家庭类型包含独生子女户、二女结扎户、独女户和"少生快富"项目户。"少生快富"工程是国家针对西部地区人口和计划生育工作现状，为稳定西部地区低生育水平，实现西部地区人口、资源与环境协调发展而组织实施的一项工程。该项工程旨在对按照现行计划生育政策可以生育两个或者三个孩子，而自愿少生一个或者两个孩子并采取节育措施的农村育龄夫妇，或者对自愿采取节育措施的农村计划生育纯女户给予一次性经济奖励及其他帮助其发展经济的政策措施，引导西部地区少生优生、脱贫致富，因此宁夏回族自治区"少生快富"项目户作为中考加分政策的照顾对象较独生子女或双女户范围更广。具体加分政策既包含直接在总分上加相应分数，也存在变相加分（降分录取）的情况，部分地区的加分政策还因报考学校不同施行不同的政策规定，如云南省部分地区根据报考本地高中类型的不同给予不同的加分优惠。

与其他计划生育奖励扶助政策的情况类似，中考加分政策自颁布起并不是一成不变的，各地区根据人口发展状况、计划生育工作开展状况和中学入学率等状况综合考量，并对中考加分政策进行全面评估，在不同时期对中考加分政策做出适应性调整，如佛山市在2014年取消了农村独生子女和二女户的中考加分政策。另外，从中考加分政策的梳理中不难看出，实施这一政策的地区多为人口增长较快，学生升学压力较大的地区（表7-7）。

表7-7　　　　　　　　　　　　　**各地区独生子女中考加分政策**

地区	限定条件	加分政策
河北	父母一方为农业户口、考生本人为农业户口，领取《独生子女父母光荣证》	加10分
宁夏	"少生快富"项目户子女	升入非示范性高中可降低1个分数段录取，每个分数段为10分

续表

地区	限定条件	加分政策
河南	农村独生子女、计划生育双女户	加 10 分
山西	父母及子女均为农业户的独生子女领证户	加 10 分
甘肃平凉市	农村独生子女、二女结扎户子女，领取独生子女证或光荣证及有关证明	文化课加 20 分
甘肃兰州市	农村两女结扎户和独生子女领证户	降 10 分录取
福建福州市	考生本人及父母双方均为农村户口的独生子女户和双女户	加 5 分
福建莆田市	父母双方均为农业户口的独生子女户和双女户	独生子女户语数英 3 科总分加 6 分，双女户语数英 3 科总分加 3 分
福建龙岩市	农村独女户和双女户	领取光荣证的农村独女户加 3 分，未领取光荣证的农村独女户和二女结扎户加 2 分
福建沙县	农村户口独女户、双女结扎户	加 3 分
福建德化县	农村二女户	加 6 分
云南玉溪市	农村独生子女户	报考本地、州、市一级中学的，加 10 分择优录取，报考本县（市、区）其他高中的，加 20 分择优录取。
山东莱芜市	农村户口独女户	加 10 分
山东临沂市、济宁市	农村独生子女、双女结扎户	加 10 分
山东枣庄市	农村独生子女、双女结扎户、父母一方为农业户	加 5 分
广西柳州市	农村独生子女、双女结扎户	加 5~30 分不等
广西桂林市	父母及考生均为农村户籍，执行计划生育的独生子女、双女结扎户	加 20 分
广西玉林市	农村独生子女、双女结扎户	加 10 分
重庆梁平县	农村独生子女	加 5 分

续表

地区	限定条件	加分政策
广东揭阳市、梅州市、河源市、湛江市	父母为农业户籍已领光荣证的独生子女、二女结扎户	加3分、加10分、5分、10分
湖北荆门市、宜昌市	父母和考生均为农业户，领取《独生子女父母光荣证》的独生女	总分加5分，农村家庭双女户同等条件优先录取（荆门）

2. 农村独生子女高考加分政策实施现状

2003年河北省《人口与计划生育条例》中规定"农村独生子女参加本省中高考时，给予增加10分的照顾"；2004年云南省规定，农村独生子女高中毕业报考省内高等院校的，加20分优先录取；2005年针对农村独生女，重庆实施高考降5分优先录取的政策（表7-8）。

表7-8　　　　　　　　部分地区历年独生子女高考加分政策

地区	高考加分审定条件	加分政策
河北	父母双方或母亲一方为农业户口、领取《独生子女父母光荣证》、考生本人为农业户口	总分加10分
湖北	2015审定条件未变	总分加5分
	2009~2014年本人和父母均为农村户口，并领取《独生子女父母光荣证》或《独生子女证》的农村独生女考生	总分加10分
广西	农村计划生育家庭的独生子女考生和双女结扎户考生	总分加10分
海南	农村独生子女和二女结扎户	总分加5分
重庆	农村独生女	报考市属院校线下5分视为达标
甘肃	农村户口独生子女户和二女结扎户	报考省属院校理工、文史，文化课加5分
青海	农牧民独生子女	报考省内院校总分加10分

续表

地区	高考加分审定条件	加分政策
贵州	在省内农村连续居住5年以上，有农村户籍的独生子女女孩考生和二女结扎户女孩考生	总分加10分
河南	农村户口独生子女	同等条件优先录取
云南	领取《独生子女父母光荣证》的独生子女	高中结业生报考省内高等院校时，给予加20分择优录取

从农村独生子女高考加分政策的实施历程来看，它并不是全国性的奖励扶持项目，是一项省级奖励扶持政策，但不同于中考加分政策，高考加分政策在省内有一致性。各地区同样在实施起始年份、限定条件和具体政策优惠方面均有差异。河北省和云南省是最早实施这一政策的，在审定条件方面，除需满足领取《独生子女父母光荣证》和农村户口基本条件外，湖北省将政策对象限定为独生女，部分省份限定为独生子女、还有部分省份将对象扩大至二女结扎户。加分政策方面，除了分值高低的差异外，部分省份也对加分进行了择校限制（甘肃省、重庆市、青海省），主要支持报考省内或市内高校的高考毕业生，而河南省未规定具体分值，优惠条件为同等条件优先录取。

对于户籍变更的考生，部分省份还做了明确规定，如湖北省规定，城镇居民转为农村居民的，不能享受高考加分政策，符合加分政策的农村居民成建制镇或城镇居民的，从转制之日起两年内仍可享受高考加分政策。

二、独生子女高考加分政策评估

1995年国家计生委明确提出"两个转变"，即要由以社会制约为主向逐步建立利益导向与社会制约相结合的计划生育工作新思路和新方法转变，2006年，中共中央、国务院发布了《关于全面加强人口和计划生育工作统筹解决人口问题的决定》，标志着人口和计划生育工作进入稳定低水平、统筹解决人口问题、促进人的全面发展的新阶段，《决定》强调要"综合运用法律、行政、教育、经济等手段，建立健全依法管理、村（居）民自治、优质服务、政策推动、综合治理的长效工作机制，建立和完善政府为主、社会补充的人口和计划生育利益导向政策体系"。从计划生育利益导向政策体系的发展历程来看，计划生育利益导向政策的机制建设正在逐步向促进人口长期均衡发展和提高计划生育家庭发展能力转变。中高考加分政策不仅是该时期计划生育工作新思路和新方法的重要体现，同时也是促进人口发展和提高家庭发展能力的重要机制，因此有必要对中高考加分政策的政策绩效进行评估，鉴于中考加分政策社会影响弱于高考加分政策，两者的政策效应又具有一定的相似性，本书主要对高考加分政策进行评估。

(一)独生子女高考加分政策价值评估

1. 独生子女高考加分政策缩小城乡教育差距，弥补不同性别群体的受教育机会

独生子女家庭为国家进行经济建设提供了一段宝贵的人口红利期，促进了社会利益的增强。按照公平原则，政府就应对几代人合理正常的生育意愿没能得到满足而给予精神和物质上各种形式的奖励、照顾及优惠。因此，高考加分政策在价值判断上具有基于公平原则的补偿性质。高考的公平意味着进入高等教育阶段的机会公平，随着家庭孩子数量的减少，越来越多的家庭注重对孩子质量的提升，即孩子受教育程度的提高，因此，高考对家庭的重要性不言而喻。作为一项社会公共政策，高考加分的每个微小变化都关系着无数考生和家庭的利益，加之高考加分造假事件时有发生，公众关注度不断提高。因此对独生子女高考加分政策公平性的评估尤为重要。

公平包含起点公平、过程公平和结果公平，起点公平是基础，也是最重要的第一步，政策设置则是在不公平的初始资源配置下改善资源分配的失衡，推动其进一步向过程公平和结果公平迈进。我国在教育资源的配置上长期存在投入上的城市偏向，导致城乡间的义务教育和高中阶段教育都存在较大差距，农村中小学无论在教学资源还是教学质量上都弱于城市，这根源于我国特定的历史背景和制度设置。早在新中国成立之初，由于国家财政能力有限，经费不足，重工业优先发展的国家战略决定了经济条件较好的城市有优先发展教育的权利。这一时期初步确立了"城市教育优先"的发展倾向和"城市教育靠国家，农村教育靠集体"的"两条腿走路"方针。随着 1985 年《中共中央关于教育体制改革的决定》和 1986 年《义务教育法》的颁布和实施，先后确立了"地方办学、分级管理"的基础教育管理体制和"分地区、有步骤地普及义务教育"的梯度发展策略，进一步明确了"城市优先"的发展战略。20 世纪 90 年代后半期以来，随着国家经济实力的增强，国家逐步确立了"城乡均衡"的教育发展理念，增加对农村的教育投入，重新调整农村的义务教育管理体制。但由于我国农村教育长期处于边缘化地位，城乡差距的固化使得消除差距的任务仍然十分艰巨，从生均教育经费上看，2010 年城镇普通初中生均教育经费

6810.35 元，比农村高出 986.265 元，城镇的普通小学生均经费 5364.30 元，而农村的普通小学生均经费为 4560.31 元。农村往往存在教学设备陈旧、校舍条件简陋等诸多状况；在师资的配备上，农村教师的能力和薪酬都远低于城市；从师资的学历水平上看，2009 年城市普通小学专科以上专任教师占 92.44%，县镇的比例达到 84.50%，而农村的这一比例仅为 71.15%，教学资源的优劣、教师的专业水平和教学能力都直接影响到教育质量。

众所周知，学习是一个不断积累的过程，义务教育阶段的学习积累直接影响高中的入学率和高中阶段的学习表现，中小学获得的低质量教育使农村学生在高中阶段的教育中继续处于不利地位，因为个体从小学、初中、高中到大学这一教育序列之中，不同层次学校之间的优势与劣势都在不断传递，并不断得到加强。2007 年我国高中阶段的毛入学率达 66%，而农村入学率仅为 50%。同时，相较于义务教育和高等教育，高中阶段教育一直被忽视，经费投入有限，农村高中依赖的资源较少，农村家庭接受高中教育的负担较重。试问一个起点就不公平的城乡考生如何保证高考成绩的绝对公平？因此，独生子女高考加分政策是在合理范围内弥补本就不公平的城乡教育差距。

独生子女高考加分政策不仅有利于缩小城乡教育差距，同时有利于弥补不同性别群体的受教育公平。部分地区将计划生育家庭高考加分政策的受惠群体限定为独生女或双女户，主要是因为在我国农村的许多地区，尤其是经济欠发达的农村地区，女孩的受教育权利得不到保障，"重男轻女"和"男权主义"思想都在某种程度上阻碍了农村女孩的受教育水平提高和个人的长远发展，因此针对独生女和双女户的高考加分照顾有利于促进不同群体的受教育公平，促进社会和谐发展。

此外，独生子女高考加分政策在促进高等教育入学机会相对公平等方面发挥了重要作用，但各省市加分对象不统一，加分幅度不一致，加分政策差异大，又在一定程度上有损该政策的公平。因为所有的计划生育家庭都为经济发展做出了贡献，但在未施行高考加分政策的省市，独生子女家庭不能享有该项政策，因此它也间接损害了享受该政策惠顾的计划生育家庭和不能享受该政策的计划生育家庭在入学机会方面的公平。

2. 独生子女高考加分政策满足提升家庭发展能力的需求

对独生子女高考加分政策的评价还应考虑响应性，即高考加分政策是否响应了独生子女家庭的需求，众多理论研究、案例分析和实证研究都表明独生子女家庭的家庭发展能力较弱且具有长期性，同多子女家庭相比，独生子女家庭和双女户家庭在生产、生活和养老方面面临的困难要大得多（王秀银等，2001）。家庭生计资本状况是家庭发展能力的基础，人力资本是家庭生计资本的重要方面，能否接受高等教育将在很大程度上改变家庭的人力资本存量和结构，并促进家庭经济能力、社会交往能力等能力的提高。

家庭发展能力是家庭凭借其所获取的资源满足每一个家庭成员生活与发展需要的能力(吴帆、李建民，2012)，具体而言包括家庭支持能力、家庭经济能力、家庭学习能力、家庭社会交往能力、家庭风险应对能力等五方面，每种能力都反映在一种或几种生计资本状况中，因此生计资本是农村独生子女家庭实现家庭发展的基础，它包括自然资本、物质资本、金融资本、人力资本和社会资本，其中人力资本的数量和质量决定了家庭驾驭其他资本的能力和范围。对人力资本的衡量一般包括家庭成员的年龄、家庭成员的受教育水平和家庭成员人口数，对于独生子女家庭，在家庭人口数量上较多子女家庭已经处于人力资本的弱势地位，随着独生子女成长为劳动年龄人口，劳动力数量上的弱势直接反映到家庭获得经济收入的能力上，同时降低了家庭应对外部环境变革与冲击的能力和家庭未来的养老支持能力。在我国社会养老保障体系尚未完善，家庭养老功能仍起主导作用的背景下，如何提高独生子女家庭的养老保障能力至关重要。而提高独生子女家庭的受教育水平能有效弥补人力资本数量上的弱势，它落脚于人口质量的提升，在一个对劳动力素质要求越来越高的经济社会环境中，人力资本的提升无疑对独生子女未来的职业发展尤为重要，进而对家庭发展意义重大。

部分省份的高考加分政策的受惠对象包括独生女家庭和二女户，提高了对女孩人力资本提升的关注度，这在很大程度上源于我国家庭受传统社会性别文化的影响，在人力资本投资上存在性别选择和性别偏好，人力资本投资向男孩倾斜，这在农村家庭表现得尤为突出。在我国，社会和家庭具有不同的社会性别期望，并试图通过性别化人力资本投资实现性别期望(李艳丽，2007)。因此，农村女孩在获得受教育机会方面的权利弱于男性。同时女性在未来的职业发展和职业选择上也受到诸多限制，女孩的教育成本与劳动力市场收益的正相关程度低于男性，在劳动力市场上的生存和发展状况普遍比男性差，针对独生女和双女户的高考加分政策旨在响应这部分群体对获得高等教育机会、提高自身能力的诉求。"独生女"家庭是在重男轻女积习仍然较重的农村，对国家计生政策的积极响应，坚持了"生男生女都一样"的价值选择，这部分家庭格外重视女儿的教育投资，高考不仅是对成绩的检验，也是对他们当初价值选择的一个检验，能否考上大学关乎本人和家人付出的回报，关乎他们对养女儿也能改变家庭命运的信心。因此，独生女高考加分政策不仅圆了女孩的大学梦，也增强了家庭对于未来的信心，并起到了良好的示范效应。

（二）独生子女高考加分政策效果评估

1. 提高女孩高等教育入学率

对独生子女高考加分政策的效果评估集中探讨高考加分政策是否提高了独生子女的受教育状况并改善家庭的长远发展以及是否对生育观念的转变起到了良好的示范效应。

首先，许多家庭受益于高考加分政策跨过了高等教育的门槛。湖北省从2009年开始实施独生女高考加分政策，经各级卫生计生、教育、公安、监察等部门的严格审核把关，经招生门户网站公示无异议后，全省2009年以来累计申报人数是88816人，因加分被各类高校录取的人数为30132人，占申报人数的34%。2009年有31.4%的申报人数因加分政策被高校录取，2014年湖北省共有15862名农村独生女申报高考加分优惠政策，其中6509名在录取线边缘的农村独生女因高考加分而圆了大学梦（见表7-9），占申报人数的41.04%，较2009年提高了8.6个百分点，受益的农村独生女逐渐增加，表明该项政策的实施效果越来越好。这项政策的实施，提高了农村独生女高考升学率，也在很大程度上改变了这些女孩的人生道路，并改变了她们整个家庭的命运。

2009年高考加分实施的第一年，当阳市坝陵办事处鲁山村的独女户考生国霖离2009年高考二本（2）的录取分数线还差6分，通过加10分的奖励政策，被湖北民族学院公共事业管理专业录取，圆了上名牌大学之梦，成为村里唯一走出来跨入大学门槛的女孩。荆门市东宝区石桥驿镇英岩村农村独生女张静，2010年享受高考加10分政策后，被华中科技大学武昌分院录取，2014年6月毕业后就职于武汉生物研究所，月薪5000元。若少了10分的政策加分，张静坦言可能辍学直接参加工作或者进入专科学校学一门技能，不难想象，顺着这条轨迹的将来，她可能在某一家工厂从事简单的流水线工作，拿着微薄的工资，只能保证基本生存。较高的学历、素质与能力，帮助她获得了一份稳定如意且发展前景好的工作，改变了她甚至整个家庭的命运。从案例分析的结果看，高考加分政策不仅提高了农村女孩的自信心，同时也改善了部分独生子女家庭的生计和发展状况。

2. 提高人口素质，引导出生人口性别比趋于正常

计生家庭高考加分奖励政策还促进人口素质提升和人口结构合理。计划生育利益导向政策的目标是在稳定低生育水平的基础上实现人口长期均衡发展，不仅包括人口总量适度，还包括人口素质全面提升、人口结构优化、人口分布合理等诸要素。高考加分奖励政策提高了农村学生的大学入学率，尤其是名牌大学的入学率，对国民素质的提升有积极作用。独生子女家庭的发展状况对生育观念的转变起到一

定的示范作用，当独生子女家庭只生育一个子女享受高考加分政策获得良好的教育改善整个家庭的生存和发展状况时，对其他家庭既是示范也是良性激励，让其他家庭意识到并不是只有多生才能改变家庭经济状况，在生活水平逐步提高的环境下，多养育一个子女的成本对农村家庭来说是很重的负担，因此，良性示范和成本约束都将形成对其他家庭生育观念和生育行为的正面激励，促进生育行为更多地倾向于提高出生人口素质上。此外，针对独生女和双女户的高考加分政策还将对农村家庭固有的男孩偏好起到一定程度的削弱作用，提高女孩的社会地位，"养儿防老"、"多子多福"等传统生育观念也将在一定程度上受到冲击，对平衡农村性别比、优化人口结构起到积极作用。

表 7-9 　　　　　　　　　湖北省农村独生女高考加分汇总

年度	申报人数	因加分录取人数
2009 年	11566	3632
2010 年	13871	4208
2011 年	15406	3255
2012 年	15764	5729
2013 年	16347	6799
2014 年	15862	6509
合计	88816	30132

3. 完善计划生育利益导向体系

计生家庭高考加分奖励政策推动了人口计生工作的深入开展。实行农村独生女及双女家庭女孩中高考加分的过程，实质上是一次人口计生工作的大宣传、大发动过程，是人口计生利益导向机制有效建立完善的过程，是协调相关部门齐抓共管、综合治理、统筹推进人口计生工作的过程，是践行科学发展观、转变人口计生工作思路和方法的生动实践。高考加分政策的实施，比较好地优化了农村女孩的成长环境，既体现了政府对弱势群体的关心和关爱，也是对作出巨大奉献和牺牲家庭的一种补偿和慰藉；同时，也进一步完善了人口计生利益导向体系，丰富了新时期人口计生工作的方法和载体，为进一步创新人口计生工作思路、方法和载体提供了借鉴，推动了新时期人口计生工作的深入开展。

(三) 独生子女高考加分政策执行评估

1. 公众仍对政策的严谨度和透明度存在质疑

任何一项政策的实施效果最后都落脚在执行上,独生子女高考加分奖励政策也不例外。独生子女高考加分政策的执行主要包括政策宣传、审核对象资格、监督检查等程序。其中政策宣传是宣传计生家庭高考加分政策的内容、对象、加分条件、办理程序、所需材料、咨询举报电话等,旨在提高群众的政策知晓率,扩大政策受惠的覆盖面。审核对象资格包括审核计生家庭的《独生子女父母光荣证》或《独生子女证》和其他证件及资料,审核过程中一般对符合申报条件的考生进行公示,做到公开、公平、公正,既确保了符合高考加分政策的独生子女及时办理加分手续,也有助于防止不符合条件的独生子女享受该政策,损害公平。在政策实施过程中,施行相应的监督检查制度和责任追究制度,这些制度与舆论监督和信息动态监控相结合,避免加分政策中的权利运作。独生子女加分政策横向上需要人口计生部门和公安、教育、监察等部门协作,纵向上跨越省、县、乡、村各个层级,执行工作量大,对准确性和信息透明度要求高。虽然独生子女高考加分政策程序繁多,有相关部门负责,但公众仍对其严谨度和透明度持质疑,主要是由于尚没有专门的法律法规对独生子女高考加分政策进行详细规定。

2. 政策导向与当前社会环境不一致

独生子女高考加分政策是计划生育工作机制由"处罚多生"向"奖励少生"转变,进一步稳定低生育水平的政策创新。但随着我国生育率的进一步降低和老龄化的加重,劳动年龄人口的总量和比例不断下降,"人口机会窗口"即将关闭,给经济持续增长带来隐忧,党的十八届五中全会决定全面实施一对夫妇可生育两个孩子政策,意味着稳定低生育水平政策正逐步向适度提高生育水平政策调整。而独生子女高考加分政策实施的目标之一是通过高考加分政策提高计生家庭的家庭发展能力,引导群众自愿少生孩子,与当前及今后的政策导向和人口长期发展状况不一致。因此,独生子女高考加分政策的可持续性受到挑战。除此之外,许多地区未全面考虑政策的社会效应,对中高考加分政策的实施和取消比较随意,当政策的一致性和延续性得不到保证时,不仅引发公众不满,还使前期的政策效益大打折扣。

三、完善独生子女中高考加分政策建议

独生子女中高考加分政策虽然在缩小城乡教育差距、促进男女受教育公平、提高女性社会地位和计生家庭的家庭发展能力等方面有积极作用,但由于该政策仅在部分省份实施,导致部分计生家庭不能公平享受该政策惠顾,加之生育政策须随经济发展不同阶段变革,对独生子女高考加分政策做出适应性调整提出了新的要求。

第一,首先应将独生子女中高考加分政策上升为全国性政策,就政策的基本目标、基本原则、受惠对象做出统一规定，同时各省根据自身情况对加分政策做出具体规定，既要保证所有计生家庭都能享有该政策，同时给地方政府留出足够空间使加分政策更符合所在地区的社会经济发展状况。

第二，为适应社会经济发展阶段的演变和人口发展状况的变化，提高独生子女中高考加分政策效应的可持续性，应进一步强化中高考加分政策对计生家庭的补偿作用，逐步弱化这一政策对稳定低生育水平的引导作用。同时各地区应保持政策的一致性，即使政策的社会效益随着经济发展阶段转变逐渐变弱，地方政府可采取逐步降低分值的办法弱化这一政策效果，不能简单地"一刀切"。

第三，增强独生子女中高考加分政策的严谨度和透明性。中高考加分政策关系着千千万万考生的利益，制定加分政策应尽可能地征求民意，只有经过了公众的普遍同意，才可能保证利益调整的相对公平，也才会不超出利益相对受损一方的心理承受底线。升学在每一个家庭都是重要的事情，中考或高考加分政策牵涉到每一个考生的未来，受到广大考生以及家长的强烈关注。因此由计划生育利益导向政策引发的加分政策应该尽可能的征求群众和专家的意见，包括计生家庭和非计生家庭，将加分幅度设置在一个合理的区间，让独生子女由此受益，又不会引起较大的社会波动。此外，在当前人口政策逐步放开的情况下，会有越来越多的计生家庭出现，这意味着也有更多的可享受加分的群体出现，当此项加分政策带来的受众群体远超于非受众群体时，对于此项加分政策的走向要重新审视。二是应该制定加分政策的专项法规。现在的高考加分政策都是松散地体现在每年一度发布的高校招生工作规定中，并没有专项的法规规定，而且每年出台一次又显得重复繁琐，用专项的法规形式规定高考加分政策，可以体现出这项政策的严谨性。

第八章 结论与讨论

第一节 结 论

科学的评估指标体系是政策绩效评估工作有效实施的关键。提高利益导向政策的实施绩效，帮助计划生育家庭提高生活水平以促进社会公正，实现我国人口长期均衡发展，是党和政府实施利益导向政策的基本目标。我国利益导向政策绩效评估还处于发展和应用的初级阶段，无论是绩效评估的理论还是实践，都有待进一步加强。本书梳理了公共政策绩效评估体系的理论研究与实践进展，在此基础上探讨了利益导向政策绩效评估指标体系的价值和意义，分析了利益导向政策评估指标体系构建的基本原则与基本程序，论述了绩效评估指标设计与筛选的思路与方法，构建了利益导向政策绩效评估指标体系。另外，我们还从微观视角评估了"少生快富"工程。

本书主要是围绕奖励扶助制度、"少生快富"工程和特别扶助制度进行论述。奖励扶助制度和特别扶助制度都是根据本书建立的指标体系进行评估，我们发现，从时间纵向来看，无论是全国还是样本各省，政策实施绩效都在上升，说明奖励扶助制度和特别扶助制度确实在很大程度上实现了政策预定目标。不过从横向各地区对比来看，不同地区政策实施效果存在较大的差异。另外，从扶助金对计划生育家庭的影响来看，奖励扶助制度和特别扶助制度的作用在逐渐下降。虽然政府在逐步提高扶助金的标准，但是其实际效应却在下降，说明扶助金标准需要根据社会消费水平、计划生育家庭收入等变量的变化来进行调整。

本书是依据微观调查数据对"少生快富"工程进行绩效评估。我们发现，"少生快富"工程虽然对于计划生育家庭具有显著的积极作用，但是对不同收入水平的家庭影响却大不相同，对于高贫困脆弱性家庭的意义更大。但是从影响效果来讲，影响却很小，这说明"少生快富"工程扶助金的标准还有待进一步提高。

促进计划生育家庭可持续发展是利益导向政策的首要目标，根据本书的研究结果，可以说这一目标基本上实现了。我们从宏观视角评估了奖励扶助制度和特别扶助制度的实施绩效，发现这两项利益导向政策的绩效总体上呈上升趋势。也就是说，这两项利益导向政策发挥的作用在不断增强。另外，利益导向政策在微观层面的目标也得到了较好的实现。我们用微观调查数据评估了"少生快富"工程对于计划生育家庭贫困脆弱性的影响，发现这项利益导向政策确实发挥了显著的积极作用，降低了计划生育家庭的贫困脆弱性。

虽然利益导向政策实施进展比较顺利，促进了计划生育家庭的可持续发展，也促进了长期人口均衡发展。但也产生了一些问题，如政策目标瞄准性有待提高、如何将一次性补助转变为长期扶助等问题，原因主要在于政策设计的不完善。

总的来看，利益导向政策进展顺利，基本上实现了政策的预期目标，但仍有较大的改进和完善空间。

第二节 讨 论

本书提出了综合评估利益导向政策实施绩效状况的初步指标体系，再综合运用主观与客观的科学方法进行筛选，最终确定的指标体系基本上能够满足指标体系设计之初提出的独立性、敏感性、代表性、全面性和简明性的原则，并利用部分省份的利益导向政策数据和其他经济社会数据，对利益导向"三项制度"实施情况进行了实证分析，从结果来看，本书建立的指标体系具有一定的科学性和合理性。但在指标体系的构建和分析过程中也存在一些有待进一步完善与改进的地方，使利益导向政策绩效评估指标体系更趋完善。

一、指标体系还不够全面

影响利益导向政策绩效评估指标体系设计的因素是多维复杂的，既包括利益导向政策有关资金的投入情况和人口数量等直接相关因素，也包括地方经济社会发展水平、政治体制、公民参与、文化传统和不同利益主体之间的博弈与整合等，这些因素既能单独发挥作用，又会交叉影响和制约利益导向政策绩效评估指标体系的设计。

利益导向政策绩效评估指标体系是一个具有多层次、多指标的复合体系，在这个复合体系中，各层次、各指标的相对重要性各不相同。本书运用因子分析法确定绩效评估指标的重要度系数，在此基础上确定绩效评估指标的权重，较好地实现了定性与定量的结合，提高了绩效评估结果的合理性。

二、还需要进一步补充数据样本

本书在收集各省市区利益导向政策的相关数据时，由于诸多原因，很多省份的数据无法获得。为了获得利益导向政策数据，我们向各省的卫计委提交了信息公开申请，但是仅仅有十个省市区给予了积极回应。因此，直到现在，本书只收集到了十个省市区的利益导向政策数据，因而缺乏完整的数据来分析利益导向政策的实施绩效。因此，在可能的情况下，尽可能获取更多省市区的利益导向政策数据，对获取的数据进行量化分析，并运用本书中所介绍的指数法进行绩效评估，以提出更全面和准确的结论。

三、指标体系需要不断完善

利益导向政策绩效评估指标设计的相应改进与完善也是一项复杂的系统工程，且对于完善计划生育利益导向政策具有重要的理论价值和现实意义。但因主客观方面的原因，本研究构建的利益导向政策绩效评估指标体系还需要进一步充实、完善和实践。由于数据来源的限制，某些能够反映利益导向政策实施效果的重要指标无法进入其评估指标体系，如出生人口性别比等代表性指标。在理想情况下，绩效指标体系应该涵盖所有可能的绩效内容，然而在现实中却很难兼顾。如果能够解决这部分数据资料的来源问题，设计合适的指标，可以使利益导向政策绩效评估指标体系更完善。在指标的设计与筛选过程中，指标的设计必须广泛征求各方的意见，但本书做的还不够，所以，今后的研究中我们必须广泛征求各方意见，使指标体系更趋科学合理。

四、研究结果还有待进一步深化

由于很多省份并没有积极回应我们的信息公开申请，仅仅获得了 10 个省份的数据，应该说数据是十分有限的。利益导向政策绩效的评估及其评估工具也必然需要不断地修正和发展，这是一个长期持续的过程。本书的研究工作只是一个起点，是利益导向政策绩效评估研究的开始，其中的诸多不足之处，须待进一步研究和完善。

参 考 文 献

[1] 丁煌. 发展中的中国政策科学——我国公共政策学科发展的回眸与展望[J]. 管理世界，2003(2).

[2] 王瑞祥. 政策评估的理论、模型与方法[J]. 预测，2003(3).

[3] Leibenstein H. *The Economic Theory of Fertility Decline* [J]. Quarterly Journal of Economics，1975.

[4] Becker G. S. *An Economic Analysis of Fertility in Demography and Economic Change in Developed Countries* [J]. Princeton University Press，1960.

[5] John C. Caldwell. *Toward a Restatement of Demographic Transition Theory* [J]. Population and Development Review，1976.

[6] John Caldwell. *On Net Intergenerational Wealth Flows*：*An Update* [J]. Population and Development Review，2005.

[7] Becker G. S、Lewis H. G. *On the Interaction Between Quantity and Quality of Children* [J]. Journal of Political Economy，1973.

[8] Vida Maralani. *The Changing Relationship between Family Size and Educational Attainment Over the Course of Socioeconomic Development*：*Evidence from Indonesia* [J]. Demography，2008.

[9] Martina A. *The Quantity-Quality of Children Hypothesis in Developing Countries*：*Testing by Considering Some Demographic Experiences in China，India and Africa* [J]. Health Transition Review，1996.

[10] Galor O.、Weil D. N. *Population，Technology，and Growth*：*from the Malthusian Regime to the Demographic Transition* [J]. Population Studies and Training Center，1998.

[11] Eloundou Enyegue P. M. *Why Trade Quantity for Child Quality? A Family Mobility Thesis* [J]. Population Research Institute，1994.

[12] Joseph S. Wholey、Harry P. Hatry、Kathryn E. *Handbook of Practical Program*

Evalution［M］．Jossey-Bass，2010．

［13］OECD. *Performance measurement and evaluation*［R］．1994．

［14］程广帅、易成栋．奖励扶助制度的经济分析与经验检验［J］．中南财经政法大学学报，2008（1）．

［15］戴亦欣、唐恬．基于公共政策评估理论构建我国立法后评估框架［J］．公共管理评论，2012（1）．

［16］高丽娟、翟振武．人口和利益导向政策"有利少导"现象例析［J］．人口学刊，2008（3）．

［17］胡俊波．农民工返乡创业扶持政策绩效评估体系：构建与应用［J］．社会科学研究，2014（5）．

［18］江波、赵利生．农民对利益导向政策的评价——基于对陕西部分农村社区的走访调研［J］．南京人口干部管理学院学报，2009（2）．

［19］江易华．县级政府基本公共服务绩效评估指标体系的理论构建与实证检测研究［D］．华中师范大学硕士论文，2009年．

［20］李艳丽．论独生子女家庭人力资本投资的性别偏好［J］．人口与经济，2007（3）．

［21］刘复兴．教育政策的价值分析［M］．北京：教育科学出版社，2003．

［22］牛建林．农村妇女孩子数量与质量偏好转化现状研究［J］．市场与人口分析，2002（2）．

［23］农工党中央专题调研课题组．进一步完善计划生育利益导向政策体系建设［J］．前进论坛，2011（2）．

［24］石智雷、赵峰、程广帅等．计生政策、生育选择与农村家庭发展——基于可持续生计分析框架［M］．武汉：湖北人民出版社，2014．

［25］石智雷．计划生育政策对家庭发展能力的影响及其政策含义［J］．公共管理学报，2014（4）．

［26］孙迎春．政府绩效评估的理论发展与实践探索［J］．中国行政管理，2009（9）．

［27］谭江蓉、杨云彦．人口和计划生育利益导向政策研究：回顾与前瞻［J］．人口与发展，2012（3）．

［28］王洪龙．计划生育家庭特别扶助制度研究［D］．华侨大学硕士论文，2013年．

［29］王秀银、胡丽君、于增强．一个值得关注的社会问题：大龄独生子女意外身亡［J］．中国人口科学，2001（6）．

［30］魏玮、董志．计划生育利益导向机制建设在基层的实践——云南省计划生育

新政策实效分析[J]. 人口与发展，2008(2).

[31]吴帆、李建民. 家庭发展能力建设的政策路径分析[J]. 人口研究，2012(4).

[32]杨云彦、程广帅等. 农村部分计划生育家庭奖励扶助制度的评估分析[J]. 人口与计划生育，2007(12).

[33]杨云彦. 从社会性别平等角度推进出生人口性别比综合治理工作[J]. 人口与计划生育，2012(5).

[34]尹德挺、苏杨等. 惠民背景下农村计生政策面临的困境与出路[J]. 新视野，2008(4).

[35]于学军. 我国人口和计划生育利益导向机制的理论与实践[J]. 人口与计划生育，2006(2).

[36]翟振武. 计划生育利益导向机制的广东模式[J]. 南方人口，2008(2).

[37]赵芳. 农村部分计划生育家庭奖励扶助制度的实施状况与认同——基于山东省淄博市临淄区的调查[J]. 人口与发展，2009(2).

[38]钟水映、李魁. 计划生育利益导向长效机制及政策体系探讨——基于微观激励机制设计视角[J]. 人口研究，2008(2).

[39]樊丽明、解垩. 公共转移支付减少了贫困脆弱性吗？[J]. 经济研究，2014(8).

[40]李丽、白雪梅. 我国城乡家庭贫困脆弱性的影响因素分析[J]. 数量经济技术经济研究，2012(6).

后　记

　　本书为国家社会科学基金重大项目"完善人口和计划生育利益导向政策研究"（项目批准号：11&ZD038）的最终成果之一。书稿具体执笔的章节分别为：第一章：程广帅；第二章：程广帅、徐玮；第三章：程广帅、徐玮、朱明宝；第四章：程广帅、舒施妙；第五章：程广帅、郑勇、付志民；第六章：程广帅、江协和；第七章：程广帅、徐玮；第八章：程广帅。

　　杨云彦教授作为项目的首席专家，对于本书的写作十分关心，大到书稿的题目、大纲和研究思路等，小到书稿中一些具体的措辞，都提出了非常宝贵的指导性意见，给予了大力支持。另外，课题组成员田艳平教授、何雄副教授、石智雷副教授、梁辉副教授、向华丽副教授等多位专家也提出了很好的修改意见，在此一并表示感谢！

　　最后，感谢武汉大学出版社的编辑老师细致耐心的工作！